VOCÊ MAIS JOVEM

VOCÊ MAIS JOVEM

Descubra como sentir-se e parecer
15 anos mais jovem

Dr. Eric R. Braverman

Tradução
Candombá

LAROUSSE

Título original em inglês: *Younger You*

Edição brasileira
Editor assistente **Isney Savoy**
Assistência editorial **Leila Toriyama**
Coordenação **Estúdio Sabiá**
Preparação de texto **Célia Regina Rodrigues de Lima**
Revisão **Hebe Ester e Capitu Escobar de Assis**
Diagramação e projeto gráfico **SGuerra Design**
Capa **Sart/Dreamaker Brand & Design**
Gerente de produção **Fernando Borsetti**

Dados Internacionais de Catalogação na Publicação (CIP)
(Câmara Brasileira do Livro, SP, Brasil)

Braverman, Eric R.
Você mais jovem / Eric R. Braverman ; [tradução Candombá]. --
São Paulo : Larousse do Brasil, 2008.

Título original: Younger you.
ISBN 978-85-7635-270-9

1. Envelhecimento - Prevenção - Obras de divulgação 2. Idosos - Saúde e higiene - Obras de divulgação 3. Longevidade - Obras de divulgação 4. Meia-idade - Saúde e higiene - Obras de divulgação 5. Saúde - Promoção I. Título.

07-9755 CDD-613

Índice para catálogo sistemático:
1. Saúde : Promoção : Ciências médicas 613

1ª edição brasileira: 2008
Direitos de edição em língua portuguesa, para o Brasil, adquiridos por
Larousse do Brasil Participações Ltda.
Av. Profª Ida Kolb, 551 – 3º andar – São Paulo – SP – CEP 02518-000
Telefone (11) 3855-2290 – Fax (11) 3855-2280
E-mail: info@larousse.com.br
www.larousse.com.br

Para minha amada esposa, Dasha, e meus filhos, Stevie, Danny, J. J. e Ellie. Minha família é minha inspiração, meu amor e meu conforto.

Sumário

Introdução

Fique mais jovem e mais saudável agora mesmo

O atual sistema de atendimento à saúde está nos impedindo de viver mais e melhor. Nos Estados Unidos, por exemplo, a medicina convencional é como uma linha de montagem da Ford, na qual cada especialista analisa uma de nossas "partes" sem levar em consideração o resto do organismo. Essa abordagem, porém, é um desastre médico que afeta nossa saúde e longevidade. Nossos órgãos não funcionam de maneira independente; cada um deles pode ser o indicador de uma deterioração progressiva da saúde ou mesmo da iminência da morte. Mesmo assim, todos os dias as pessoas consultam especialistas que lhes dizem que estão "ótimas", quando na verdade seu médico olhou somente para uma parte do corpo, sem levar em conta a saúde das outras. Mais tarde, elas descobrem que uma dessas outras partes se encontra profundamente afetada por algum mal.

Imagine se você entrasse em um cômodo cheio de estranhos e fosse capaz de prever quem vai viver muito tempo e quem vai morrer jovem. A maioria das pessoas o acharia louco de tentar algo assim. No entanto, praticamente todas as enfermidades podem ser detectadas pela aparência exterior da pessoa. Os maiores fatores de risco ou sinais de doença estão relacionados ao cérebro, como obesidade, tabagismo, alcoolismo, depressão, ansiedade, olheiras, falta de clareza mental e proeminência abdominal. Outros fatores ou sinais incluem redução da massa muscular, coluna ligeiramente encurvada, pele flácida, manchas senis, fragilidade, tosse crônica, olhos ou pele amarelada, andar lento ou nervosismo. Todos esses sinais visíveis são indicações de que a pessoa está envelhecendo.

Cada parte do corpo tem seu próprio marcador ou teste para detectar o envelhecimento, chamados de *códigos de idade*. Quando ficam distorcidos, é sinal de que o envelhecimento começou em ritmo acelerado. Este livro fala sobre os exames que identificam o envelhecimento de cada seção do corpo para que você consiga detectar uma doença antes que ela o tome de surpresa. Em meu consultório, os exames de diagnóstico estabelecem com uma precisão incrível o código de idade de cada órgão do corpo. Não haverá mais doenças-surpresa, mortes inesperadas nem diagnósticos surpreendentes. Em pouco tempo será raro não vivermos mais de 100 anos.

O elo mais fraco: descoberto e revertido

As doenças raramente são um fato isolado. Em geral estão associadas a enfermidades de outros sistemas corporais que desencadeiam um efeito dominó de problemas de saúde. Se uma doença começa no cérebro, o corpo fica doente; se começa no corpo, pode fazer o cérebro ficar doente. Além disso, o processo de adoecer está sendo percebido de uma forma nova. As pesquisas mais recentes indicam que a doença em si é um indício de envelhecimento de um órgão. E cada órgão em processo de envelhecimento envia um sinal ao resto do corpo, capaz de causar um turbilhão. Se você for diagnosticado com diabetes, por exemplo, existe uma boa probabilidade de seu corpo apresentar outras falhas também. O nível elevado de açúcar no sangue causa não apenas danos à circulação, mas também à pele, aos olhos, ao coração, aos rins, ao sistema nervoso e aos neurônios do cérebro, além de aumento de peso. Essas questões costumavam ser consideradas "sintomas independentes, porém relacionados à doença". Mas elas integram o código de envelhecimento do corpo.

Um novo paradigma: cirurgia plástica interna

Vivemos em uma sociedade na qual a juventude é valorizada acima de tudo. Muitas pessoas são capazes de experimentar qualquer produto milagroso ou dieta mirabolante que prometa fazer com que pareçam mais jovens. Algumas estão dispostas a se submeter ao bisturi e correr o risco de apresentar graves complicações de saúde nessa busca de juventude e beleza. E se fosse possível não apenas aparentar ter 15 anos a menos, mas também *se sentir* como se tivesse 15 anos a menos?

O segredo para uma vida longa e gratificante está em consertarmos o que está por dentro, não o que está por fora. Da mesma forma como podemos ser externamente belos, somos capazes de alcançar beleza e saúde internas — e com isso não quero me referir a uma natureza sensível ou a uma personalidade cativante. Falo da juventude interna causada pela boa saúde. Você pode aparentar e se sentir como se tivesse 40 ou 50 anos, mesmo aos 65.

Chamo isso de *cirurgia plástica interna*, que define um novo paradigma na medicina, no qual seremos capazes de identificar órgãos em processo de envelhecimento e consertá-los ou reverter o processo de modo a tornar as pessoas mais jovens e saudáveis.

O processo de rejuvenescimento

O corpo envelhece em ritmos diferentes. O coração, por exemplo, pode envelhecer antes do resto do corpo. Você pode perder cabelo ou ficar grisalho antes dos 40 anos. Isso significa que esses genes e essas partes estavam mais velhos que sua idade cronológica. Seja aos 30, 40, 50 ou 60 anos, alguma parte do seu corpo está envelhecendo mais rapidamente que as outras. A menos que saiba a idade de cada parte do corpo, você não estará cuidando adequadamente da sua saúde.

Talvez você tenha perdido alguns centímetros de altura ou esteja experimentando uma depressão importuna e esquecimento. Essas partes em falha o puxam para uma idade avançada com seu código de envelhecimento, pressionando o resto do corpo a deteriorar. Por meio de exames precisos, é possível determinar o código de envelhecimento de cada parte. Por sua vez, hormônios bioidênticos, medicamentos, nutrientes, dieta e alterações de estilo de vida revertem esse código para um *código da juventude.*

Decifrando o código de envelhecimento

O código de envelhecimento é nosso destino e foi decifrado. Podemos viver por mais tempo, ter uma aparência melhor e nos sentir mais jovens se entendermos o corpo como ele verdadeiramente é: uma compilação de idades e estágios. O objetivo desta obra é ensinar você a decifrar seu código de envelhecimento pessoal, de modo que, quando chegar aos 40 anos, possa se sentir com apenas 25; ou que, aos 80 anos, aparente, sinta-se e seja como era aos 65.

No momento atual, a ciência nos possibilita viver até 120 anos, mas somente você pode decidir como viverá seus anos mais maduros.

Gostaria que todos tivessem a oportunidade de viver 100 anos sentindo-se como aos 60, ou menos. Ao aprender a decifrar o código de envelhecimento, você será capaz de identificar o processo de doença em seus estágios iniciais. Aprenderá a compensar as falhas da medicina moderna e a coordenar sua assistência médica, desde o médico até o oftalmologista, passando pelo dentista, pelo cardiologista, pelo neurologista e pelo nutricionista.

Para obter um cérebro mais jovem

O segredo é simples: tudo começa no cérebro. Se você tem o cérebro perfeito e está determinado, pode usar nosso programa de reversão de idade para ganhar juventude.

Mesmo o chamado envelhecimento saudável, associado a danos brandos à função cerebral, é reversível e controla a saúde do resto do corpo. Os distúrbios mais comuns, como osteoporose, dor nas costas, artrite, doença cardíaca e hipertensão, são relacionados à idade e afetados por um cérebro cada vez mais envelhecido. Incluídos nessa lista estão mal de Alzheimer, demência e outros distúrbios que afetam as faculdades mentais como atenção e agilidade de pensamento, além de males como depressão, ansiedade e distúrbios do sono. Outras doenças afetam o coração, o sistema imunológico, os órgãos sexuais femininos e masculinos e a pele.

Os estudos mais recentes também demonstraram que o cérebro é capaz de aprender a decifrar o código de envelhecimento e fazer ressuscitar o corpo que envelhece. Ao equilibrar o cérebro com medicamentos, hormônios naturais, dieta e alterações do estilo de vida, ajudo os pacientes a postergar a progressão de muitas dessas doenças, de modo que sua vida possa retornar a um estado mais adequado à sua idade. É uma solução simples: para restaurar a saúde, é preciso restaurar a química cerebral. E, quanto antes você começar, maiores serão as chances de postergar ou evitar completamente a devastação do processo de envelhecimento.

Por exemplo, o mal de Alzheimer não ocorre do dia para a noite. Como as doenças cardíacas, é uma condição que começa de forma lenta e progride silenciosamente no decorrer dos anos. Você já sabe que, se mantiver o colesterol baixo, reduzirá o risco de infarto e derrame. De modo semelhante, se lidar com os primeiros lapsos de memória, haverá uma chance de não perder toda a função cognitiva mais tarde. Usei com sucesso a mesma abordagem para a reversão de outras doenças degenerativas como osteoporose, doenças cardíacas, hipertensão, colesterol alto, artrite e até mesmo câncer.

Como funciona este livro

Desenvolvi um sistema simples que vai ensinar tudo o que você precisa saber para rejuvenescer. Você será capaz de avaliar todos os seus problemas de saúde com um único programa sólido de reversão de envelhecimento e rejuvenescimento, que resgatará seu corpo e sua mente para um estado melhor.

Primeiro explico em detalhes como o cérebro e o corpo funcionam juntos para criar e eliminar uma doença. Por meio de um questionário simples chamado AgePrint, você reconhecerá a parte mais velha do seu corpo e aprenderá como ela está afetando a sua saúde como um todo. Assim, poderá começar a tratar a doença imediatamente e da forma correta. Com seu AgePrint e fazendo exames *aos primeiros sintomas*, é possível rejuvenescer o corpo.

Depois discuto como o cérebro em envelhecimento afeta o restante do corpo e como o corpo em envelhecimento afeta o cérebro. Além disso, mostra como as doenças mais prevalentes afetam o corpo. Se você conseguir restaurar a capacidade e a velocidade do seu cérebro e controlar suas principais doenças, os sintomas menores também desaparecerão. Existe um simples código eletrônico cerebral que, quando funciona adequadamente, mantém você com o peso normal e pensando claramente, além de ajudá-lo a permanecer calmo e a manter o equilíbrio de seu humor e do seu ciclo de sono.

O restante do livro trata de recomendações, terapias com hormônios, nutrientes e suplementos, dieta e alterações de estilo de vida capazes de reverter todos os sistemas em envelhecimento. Com essas informações, você poderá restaurar sua saúde e prevenir problemas no futuro. Quando começar a tratar sua parte mais velha, logo verá como o resto do corpo melhorará.

A promessa da beleza em você

Quando você conseguir ter um cérebro mais jovem e cuidar de seu corpo, alcançará o rejuvenescimento. Você ficará mais bonito, por dentro e por fora, e será capaz de cuidar da saúde. Conseguirá administrar programas de dieta, nutrição e exercícios e integrá-los de forma coesa, de modo a não comprar promessas de milagres caríssimas quando, na verdade, está morrendo de câncer por dentro. Se você não for jovem por dentro, não será verdadeiramente jovem ou saudável.

Junte-se a mim nesta aventura para se tornar mais jovem e mais bonito!

1

Decifrando sua barreira de envelhecimento

Um sábio me disse um dia que a arte de viver era sobreviver o maior número de anos possível. Eu modificaria as últimas palavras para: "ser capaz de viver uma vida saudável e feliz pelo maior número de anos possível". O objetivo da medicina hoje não é apenas possibilitar uma vida longa, mas uma vida com saúde total.

Todos nós queremos a mesma coisa: desfrutar a vida com o melhor desempenho possível diariamente. Mas isso pode significar algo diferente para cada um. Alguns buscam a felicidade verdadeira, outros anseiam por um corpo e um rosto com beleza física, enquanto outros ainda podem estar trabalhando com afinco para obter força e habilidade atlética. Qualquer que seja o caso, esses estados podem ser resumidos em uma única palavra: *juventude*. Ser mais jovem é tornar-se mais potente, ligeiro e saudável. Não importa como você se sente hoje, é possível se sentir mais saudável e mais jovem.

Meu objetivo é que você pareça e se sinta 15 a 25 anos mais jovem. Meus pacientes aprenderam a se cuidar ao menor sinal de doença. Eles interrompem o processo de envelhecimento nas partes mais velhas de seu corpo assim que as mudanças começam a acontecer. E, como estão prestando atenção à saúde, continuam a se sentir jovens como um todo.

Você é tão jovem quanto seus órgãos mais velhos

À medida que envelhecemos, nosso corpo se deteriora. Costumávamos pensar que esse enfraquecimento era causado pelas doenças que adquirimos, mas atualmente a comunidade científica acredita que é apenas um fator da idade. Todavia, o resultado é o mesmo: qualquer doença causada por órgãos ou sistemas envelhecidos e enfraquecidos reduz o bem-estar geral e por fim leva à morte. Costumo dizer que esses órgãos estão vivenciando "pausas", os marcadores de tempo que identificam os gastos e os danos de cada parte do corpo. As mulheres estão familiarizadas com o termo *menopausa*, que é o modelo dessa teoria. Como na menopausa, todas as pausas ocorrem proporcionalmente à diminuição da produção hormonal.

Durante essas pausas, o órgão ou a parte com deficiência se torna mais velho do que o resto do corpo. Simultaneamente, os níveis hormonais envolvidos caem, enviando um código, ou sinal, para o resto do corpo a fim de anunciar que o sistema está falindo. Esse sinal também dá início ao processo por meio do qual o corpo inteiro começará a desligar. Em essência, os hormônios e os sinais elétricos do cérebro, quando reduzidos, mandam um sinal errado ou "às avessas" para todos os órgãos.

O envelhecimento ocorre no corpo por intermédio dos seguintes sinais:

- Biopausa: o cérebro perde seus mensageiros químicos, chamados de neurotransmissores.
- Eletropausa: o cérebro perde a velocidade de processamento.
- Cardiopausa: a freqüência cardíaca aumenta quando a eficiência de bombeamento diminui.
- Vasculopausa: o diâmetro dos vasos sanguíneos diminui.
- Imunopausa: o sistema imunológico enfraquece.
- Tireopausa: o sistema da tireóide enfraquece.
- Menopausa: começa o processo de perda hormonal nas mulheres.

- Andropausa: começa o processo de perda hormonal nos homens.
- Osteopausa: os ossos perdem densidade e tornam-se quebradiços.
- Somatopausa: os músculos perdem força e tônus.
- Dermatopausa: a pele perde colágeno e elasticidade.

As pausas e o envelhecimento

As partes do nosso corpo não entrarão em pausa ao mesmo tempo. Quando um médico trata dos quadris de um paciente ou diagnostica osteoporose neles, é porque esses ossos estão velhos. O coração dessa pessoa pode ter 50 anos, os ossos, 60, enquanto a idade cronológica (ou verdadeira) e a do resto do corpo é de 40 anos. Para descobrirmos nossa impressão cronológica (AgePrint), precisamos, em primeiro lugar, começar a consertar a parte mais velha do corpo ou identificar o sistema mais velho em decadência que entrou em pausa.

As pesquisas médicas mais inovadoras começam a revelar que a melhor forma de atingir a saúde total e prolongar a vida é evitar o envelhecimento interno. A chave para rejuvenescer é fazer os exames que detectam os sintomas de uma doença antes que ela surja, em vez de esperar até que haja necessidade de uma interferência médica e cirúrgica. Todo código de envelhecimento conhecido atualmente é reversível em seus estágios iniciais. Nunca testemunhei um sinal de envelhecimento que não pudesse ser revertido. Será possível reverter todos ao mesmo tempo? Isso está começando a acontecer *agora*.

Ser mais jovem = DNA + poder do cérebro

A compreensão do DNA foi uma descoberta científica importante, porque ele é o mapa da mente e do corpo. Esse código identifica e prevê os traços e doenças familiares que foram transmitidos a você. As pausas podem ser parcialmente determinadas pela hereditariedade. Nossos ancestrais talvez tenham sofrido doenças que temos hoje e passado seu código genético para nós. O DNA controla como lidaremos, emocional e fisicamente, com essas doenças — mas fornece informações limitadas. Os testes genéticos são mais valiosos para os jovens, não para os mais velhos. Quando atingimos uma idade mais avançada, já estamos cumprindo nosso destino médico.

Para nos sentirmos mais jovens, precisamos entender do que somos feitos, a fim de fazer os consertos necessários. Conhecendo nosso DNA, podemos trabalhar com o órgão que controla a saúde: o cérebro. Para prevenir ou reverter o envelhecimento e as doenças, devemos controlar e acentuar os sinais elétricos enviados do cérebro para o corpo. O fundamental é manter o cérebro jovem, obtendo o melhor do DNA e evitando os lados nocivos de sua programação.

Mude seu cérebro, mude seu corpo, mude sua vida

Sua pele é restaurável, e todos os seus órgãos são substituíveis por transplantes ou medicamentos. Mas a vida humana completa está no cérebro. Ele é a fonte da vida e se divide em três partes: o cérebro propriamente dito, o tronco encefálico e o cerebelo. O cérebro, por sua vez, se divide em dois hemisférios ligados por uma grossa faixa de fibras nervosas chamada de corpo caloso. Esses hemisférios têm áreas idênticas denominadas *lobos*. Cada lobo instrui o corpo a desempenhar funções específicas e controlar os processos automáticos, como respiração, freqüência cardíaca e digestão, além de formular nossa saúde, ao administrar todos os sistemas internos.

O cérebro controla o corpo

As quatro funções descritas a seguir são coordenadas por quatro neurotransmissores (ou substâncias bioquímicas), e cada uma domina um local especializado no cérebro. Essas medidas estabelecem a relação entre a função cerebral, ou a vida, e a criação e envio de eletricidade humana.

- **Voltagem**: mede a potência, a intensidade com que o cérebro responde a um estímulo e a eficiência da capacidade cerebral de processar informações. Essas informações podem ser cognitivas ou físicas. A voltagem determina, por exemplo, o metabolismo, ou como o corpo processa os alimentos, e os vários estados da consciência, variando do alerta completo ao sono profundo. Ela também controla a maneira como escolhemos suprir nossas necessidades emocionais ou físicas. A voltagem é controlada pelo neurotransmissor dopamina, a anfetamina natural do cérebro.

- **Velocidade**: mede a rapidez com que pensamos ou processamos informações e determina a rapidez do processamento de sinais elétricos. Ao aumentar a velocidade do cérebro, é possível melhorar a memória, a atenção, o QI e até mesmo o comportamento. A velocidade do cérebro é dirigida pelo neurotransmissor acetilcolina.
- **Ritmo**: mede o equilíbrio entre os dois hemisférios do cérebro. Um cérebro equilibrado cria e recebe eletricidade em um fluxo suave e uniforme. Quando a eletricidade é gerada em espasmos, é chamada de arritmia e significa o início da disfunção cerebral. O ritmo determina como lidamos com o estresse diário. Quando ele é afetado, podemos sentir ansiedade, nervosismo ou irritação. Além disso, o ritmo influencia também a intensidade da sensação da dor. Quando estamos fora de ritmo, essa irregularidade pode se manifestar em qualquer lugar, seja nos intestinos, nos pulmões ou nas articulações. O sinal é transferido para o corpo por meio do neurotransmissor GABA.
- **Sincronia**: a eletricidade que o cérebro cria percorre o corpo em ondas. Há quatro tipos de ondas cerebrais, e cada uma nos traz um nível de consciência. A sincronia equilibra o movimento das quatro ondas cerebrais nos dois hemisférios. Quando estão desequilibradas, surgem distúrbios do sono à noite e depressão e medo durante o dia. A falta de sono pode provocar mais doenças no corpo, ativando o ci-

clo de inflamação. A serotonina é a substância química que afeta a sincronia.

Todas as substâncias bioquímicas agem de forma semelhante. Cada uma controla um acelerador específico de idade. Quando estão fora de equilíbrio, podem levar o corpo inteiro ao caos, como mostro a seguir:

Aceleradores de idade cerebral	Efeitos sobre o corpo
Deficiência de dopamina	Obesidade, adição, fadiga
Deficiência de acetilcolina	Demência, Alzheimer, disfunções de aprendizado
Deficiência de GABA	Ansiedade, dor, variações de humor
Deficiência de serotonina	Depressão, distúrbios do sono, medo

Os hormônios e o código cerebral

O cérebro regula, traduz e interpreta seu código de acordo com os hormônios de diversos outros órgãos do corpo. Depois dos 30 anos, o código cerebral se torna menos eficiente no envio de mensagens para os outros órgãos produzirem hormônios. Isso força os órgãos a envelhecer. Começamos a perder a saúde aos poucos, como numa escada descendente. A produção de hormônio do crescimento, por exemplo, diminui aos 30 anos; aos 40, a progesterona passa a diminuir, as mulheres perdem estrogênio e os homens, testosterona; depois perdemos DHEA e citonina. A ordem dessas perdas, bem como o momento exato, varia de um indivíduo para outro. Quanto mais envelhecemos, mais hormônios perdemos. Nossos órgãos chegam a um ponto em que não são capazes de produzir um hormônio específico sozinhos. Sem suplementação, esse órgão morrerá e arrastará consigo os demais. O cérebro tenta ressuscitar as partes do corpo que estão morrendo enviando cada vez mais sinais elétricos para a glândula pituitária, que começa a secretar todo tipo de hormônios estimulantes para diversos órgãos, como ovários, testículos, glândulas adrenais, pâncreas e fígado, na tentativa de salvá-los. Até você começar a tomar hormônios bioidênticos, esse processo continuará.

Por outro lado, o envelhecimento de vários órgãos afeta diretamente o funcionamento do cérebro. O Alzheimer e a senilidade, por exemplo, estão relacionados à perda de acetilcolina, a substância bioquímica que controla a hidratação. Quando isso acontece, o cérebro literalmente seca, sua velocidade diminui e ele envelhece mais rápido do que o resto do corpo. Agora sabemos como interromper o processo.

Idade cronológica típica	Alterações hormonais
30	Queda de hormônio do crescimento humano (HGH)
40	Queda de testosterona, estrogênio e progesterona
50	Queda de DHEA e hormônios da tireóide
60	Queda de insulina e de hormônios da paratireóide
70	Queda de calcitonina e de eritropoietina

Envelhecer é como rolar uma escada hormonal. Os suplementos são capazes de reverter a "queda" do envelhecimento.

Incrementar o cérebro

Quando estão funcionando perfeitamente, esses mesmos quatro neurotransmissores também são os maiores desaceleradores do envelhecimento. Incrementando os níveis de cada um, é possível aumentar a potência, a velocidade, a sincronia e o ritmo do cérebro. Ao elevar os níveis de dopamina, conseguimos perder peso; ao elevar a acetilcolina, melhoramos a memória; ao elevar a serotonina, podemos dar a nós mesmos e ao cérebro tudo de bom que merecemos.

Além disso, pesquisas médicas mais recentes sugerem que o cérebro pode aprender a reacender os sistemas hormonais e realmente ressuscitar o corpo em envelhecimento. Maiores quantidades dessas substâncias bioquímicas podem enviar novas mensagens a seu corpo, para que produza mais hormônios. Ao regularmos essa conexão, conseguimos adiar, ou mesmo interromper, o envelhecimento precoce do cérebro ou do corpo. Podemos ensinar o corpo a restaurar a saúde nas áreas afetadas e intensificá-la nos órgãos e sistemas que não foram danificados. É como se subíssemos de volta o lance de escadas, revertendo a cada passo esse processo e decifrando o código. Ao subir esses degraus, é possível rejuvenescer.

Qualquer pausa pode, isoladamente, tirar de dez a 20 anos de sua vida. Um homem "saudável" de 50 anos, por exemplo, pode "repentinamente" ter um ataque cardíaco. Entretanto, o modelo de pausas prova que, quando se trata de saúde, nada simplesmente "acontece". Na realidade, esse homem esteve com cardiopausa durante muitos anos e apenas não sabia. Apesar de sua idade cronológica ser 50 anos, ele vivia como um homem de 80 devido à idade do seu coração. Além disso, a doença não foi súbita; ela simplesmente não foi detectada com a devida antecedência. As engrenagens da doença cardíaca podem estar agindo no seu corpo por décadas. Toda pessoa que enfrenta uma crise monstruosa de saúde teve antes muitas oportunidades de deter a doença por meio de diagnósticos precoces. A maioria das doenças progride 80% antes de ser detectada.

Passo 1: exames e diagnóstico precoce

Você talvez não saiba, mas aos 30 anos de idade uma parte do seu corpo já pode estar começando a apresentar defeitos. Você não sentirá esse defeito acontecer, mas ele estará lá, e a única maneira de descobrir é por meio de exames diagnósticos. Exames de sangue específicos, ultra-som, testes cognitivos e outros capazes de detectar doenças em seus estágios iniciais, antes que os sintomas ocorram, estão disponíveis hoje. O objetivo é detectar órgãos em processo de envelhecimento antes que causem danos ao resto do corpo.

A primeira etapa para o rejuvenescimento é avaliar sua saúde atual e estabelecer qual das pausas você está vivenciando. As perguntas do Capítulo 2 são fundamentais para que você descubra seu AgePrint. Esse simples questionário determinará uma idade para cada parte do seu corpo. O AgePrint é capaz de identificar a parte mais velha de você e observar quais partes estão debilitando sua saúde. A parte mais velha é seu elo mais fraco e requer tratamento imediato.

Reverter uma pausa causa um efeito dominó e leva a uma vida mais abundante

Com essas informações, seu médico poderá ajudá-lo a identificar a fonte dos problemas que você vem sentindo e a prever o que acontecerá com sua saúde no futuro. Também poderá tratar corretamente seus sintomas e doenças posteriores com maior eficiência.

Passo 2: o melhor tratamento é a escolha correta

Depois de identificar seu AgePrint, você poderá começar a lidar com suas pausas na ordem certa. A abordagem não é a mesma para todos. Há quem responda melhor a esquemas tradicionais de medicamentos, enquanto outros melhoram por meio de terapias alternativas. Sou totalmente a favor de descobrir o tratamento certo para cada paciente. Isso pode variar de usos criativos de medicamentos a terapias hormonais, suplementação nutricional ou mesmo exercícios físicos. A melhor opção pode ser ainda uma combinação de muitas terapias, a chamada *abordagem multimodal*.

É melhor que você e seu médico escolham juntos o tratamento. Não descarte a medicina tradicional como opção viável. Minha escolha se baseia em trinta anos de experiência, e uma regra básica para mim é tentar matar dois coelhos com uma cajadada só. Por exemplo, uma pessoa com distúrbios do sono e depressão deve tomar antidepressivos e nutrientes que auxiliem tanto o sono como o humor. E não é só isso. Se você conseguir selecionar um hormônio, um medicamento e nutrientes que são auxiliares para tratar três de quatro problemas, terá abordado um quadro muito mais amplo. Neste livro descrevo dezenas de opções de tratamento para as pausas, para que você e seu médico analisem qual é a melhor opção.

Passo 3: hormônios naturais ajudam a longevidade

O rejuvenescimento depende da manutenção da produção adequada de hormônios e, em muitos casos, de incrementar os níveis existentes para que alcancem os de uma idade mais jovem. A boa notícia é que a redução dos níveis de qualquer hormônio não é irreparável ou permanente. Na realidade, o ajuste é muitas vezes fácil e indolor. Por meio da reposição com hormônios naturais, podemos enganar o corpo e fazê-lo pensar que o órgão que produz esse hormônio não morreu. Com o tempo, a seqüência de morte do órgão diminui e por fim, após a recuperação completa, se extingue.

A suplementação com hormônio do crescimento humano (HGH), por exemplo, é um dos maiores avanços da medicina contra o envelhecimento, além de ser talvez a lendária fonte da juventude para a comunidade médica. Milhares de estudos confirmam que a elevação dos níveis de HGH ajuda a prevenir e até mesmo a reverter o processo de envelhecimento. A elevação dos níveis de HGH também mostrou ser capaz de reverter o declínio da memória e do desempenho cognitivo, além de melhorar a visão e o sono.

Hormônios bioidênticos não causam câncer

O estrogênio sintético foi associado ao câncer, assim como outros hormônios farmacêuticos como metiltestosterona, dietilstilbestrol (DES), estrogênios conjugados, medroxiprogesteronas, hormônios do crescimento obtidos de cadáveres e pílulas anticoncepcionais. Os hormônios naturais e bioidênticos são muito mais seguros e em geral não estão associados ao câncer. Muitas vezes são suplementos fitoterápicos com a mesma estrutura molecular dos encontrados no corpo humano e que provocam os mesmos efeitos, se comparados aos que produzimos naturalmente. A deficiência hormonal, por sua vez, pode causar câncer. Com a idade, quase toda a produção de hormônios diminui, enquanto a incidência de câncer aumenta. A diminuição do nível de hormônios causa uma distorção no mecanismo de replicação de DNA, o que, combinado com a radiação e as toxinas do ambiente, contribui para o surgimento do câncer.

O termo bioidêntico refere-se ao ato de ressuscitar partes mortas do corpo. A terapia com hormônios bioidênticos é provavelmente a ferramenta antienvelhecimento mais completa para combater cada um dos códigos de envelhecimento. A maioria dos hormônios bioidênticos não é nova no mercado; eles estão disponíveis há mais de 20 anos e têm tão poucos efeitos colaterais que freqüentemente são vendidos sem receita médica como suplementos, tais como vitamina D_2 e D_3, pregnenolona, progesterona, DHEA e melatonina.

Evite suplementos à base de urina de cavalo. As mulheres costumam tomar suplementos feitos com urina de cavalo para o tratamento da menopausa e como anticoncepcionais. Mas você usaria um enxerto de pele de cavalo para tratar sua pele? Por que usaria urina de cavalo para aumentar a produção de estrogênio? O programa Você Mais Jovem enfatiza a opção por bioidênticos sempre que possível. Não há comparação entre um cavalo e um ser humano. Introduzir um tipo errado de hormônio no corpo humano pode ser perigoso. Com hormônios bioidênticos há um encaixe perfeito – sua estrutura é igual à dos hormônios produzidos pelo corpo humano.

Fique longe de hormônios não bioidênticos, como: metiltestosterona; dietilstilbestrol (DES); estrogênios conjugados; medroxiprogesterona; hormônios do crescimento obtidos de cadáveres; pílulas anticoncepcionais.

Reverta o envelhecimento com os seguintes hormônios bioidênticos: androstenediona; calcitonina; dehidroepiandrosterona

(DHEA); eritropoietina; estradiol; estriol; estrona; hormônio do crescimento humano (HGH); hidroxicortisol/aldosterona; fator de crescimento semelhante à insulina (IGF); incretina (pelo menos 50% bioidêntica); insulina; melatonina; paratormônio; pregnenolona; progesterona; testosterona; hormônios da tireóide: T3, T4; vitaminas D_2 e D_3.

Passo 4: a suplementação com nutrientes faz diferença

Nutrientes e suplementos são ferramentas essenciais para rejuvenescer. Eles podem aumentar a potência e a velocidade do seu cérebro e ainda ajudá-lo a lidar com doenças específicas. No decorrer deste livro, você encontrará informações sobre os suplementos ideais para cada pausa. Uma pesquisa recente mostrou que crianças e adultos que tomavam vitamina D freqüentemente possuíam maior força muscular e eram capazes de realizar exercícios mais vigorosos, além de apresentar menos diagnósticos de fibromialgia. Já foi demonstrado que a vitamina D beneficia a pele, protege os ossos e melhora o funcionamento do sistema imunológico.

Você pode incrementar seu consumo vitamínico de duas maneiras: aumentando a ingestão de alimentos ricos em vitaminas específicas ou tomando-as como suplementos na forma de comprimidos ou chás. Cada pausa exige doses específicas, portanto será necessário optar por um método razoável para obter esses nutrientes na quantidade correta. Os alimentos frescos que compramos muitas vezes têm baixa quantidade de nutrientes, principalmente por terem sido cultivados em solo esgotado. É por isso que a suplementação com vitaminas é uma parte importante desse programa.

O zinco é um decifrador de código para todas as pausas

Alguns nutrientes impedem as pausas e revertem o envelhecimento no corpo inteiro. O zinco é um deles. Esse mineral essencial é encontrado naturalmente em todas as células corporais e estimula a atividade de mais de cem enzimas.

A suplementação com zinco é capaz de beneficiar a saúde geral. Pesquisas recentes revelam que o zinco pode proteger contra algumas doenças imunológicas, como câncer de esôfago. Indivíduos que sofrem de refluxo gastrointestinal têm maior probabilidade de desenvolver câncer de esôfago e devem ingerir pelo menos 15 mg de zinco diariamente. O zinco também estimula a secreção do hormônio do crescimento em crianças, quando administrado nos primeiros três anos de vida.

Considero o zinco um mineral essencial superinibidor do código de envelhecimento devido à sua capacidade de:

- manter a saúde do sistema imunológico;
- acelerar a cicatrização dos tecidos;
- manter o sentido do paladar e do olfato;
- preservar a saúde da visão;
- auxiliar na síntese de DNA;
- auxiliar no crescimento e no desenvolvimento normais;
- auxiliar no desenvolvimento de espermatozóides;
- promover a ovulação e a fertilização;
- proteger contra doenças da próstata;
- auxiliar na proteção contra o câncer;
- auxiliar na redução dos depósitos de colesterol;
- beneficiar a saúde da pele e do cabelo;
- auxiliar na preservação das faculdades mentais dos idosos;
- desintoxicar e remover chumbo, cádmio, alumínio e outras toxinas do corpo.

Suplementação para crianças inteligentes

Os óleos de peixe são outro nutriente superinibidor de pausas. Ao contrário do zinco, eles não são produzidos de forma natural pelo corpo. Os óleos de peixe benéficos provêm de peixes de águas profundas, como cavala, salmão, bacalhau de pele negra, atum, sardinha e arenque. Os ingredientes ativos dos óleos de peixe são ácidos graxos essenciais conhecidos como ômega-3. Os óleos de peixe beneficiam tanto adultos como crianças, e nunca é tarde para começar a suplementar a alimentação com esses nutrientes. Mas e se você ou seus filhos não comerem peixe? Não se preocupe. Hoje é possível consumir esses óleos poderosos para o cérebro em cápsulas.

Esses óleos vêm sendo usados há muitos anos (lembram do óleo de fígado de bacalhau?) para ajudar a prevenir doenças hepáticas, aumentar a circulação e lubrificar as articulações. Estudos recentes também mostram que os óleos de peixe são capazes de incrementar o raciocínio, pois elevam os níveis de acetilcolina, dopamina e serotonina no cérebro.

Passo 5: adote a Dieta do Arco-íris

Muitas vezes, um simples ajuste na dieta fará com que você ingira quantidades maiores de vitaminas e minerais importantes que são cruciais para o rejuvenescimento. Uma dieta rica em frutas e legumes coloridos provou trazer benefícios para a saúde geral. A Dieta do Arco-íris oferece opções de cardápio com alto índice de nutrientes e baixa densidade calórica. Ela é considerada um plano alimentar volumétrico e baseia-se na ingestão das quantidades corretas de frutas, legumes, condimentos, chás, grãos integrais e proteínas magras com muito colorido e ricos em vitaminas *todas as semanas*. Apesar de não ser um regime para perda de peso, a Dieta do Arco-íris nos leva ao caminho certo na escolha de alimentos que têm menos calorias do que os alimentos processados.

Identifiquei uma série ampla de alimentos e suplementos que beneficiam diversas partes do corpo. Mesmo que seu AgePrint seja normal, é possível colher os benefícios dos alimentos Arco-íris seguindo as orientações da dieta e aumentando o aspecto nutricional de cada refeição. Você verá que alguns nutrientes estão diretamente relacionados com a reversão de uma das pausas. E aprenderá a escolher os alimentos corretos e preparar refeições deliciosas e saudáveis ao mesmo tempo em que reverte seu AgePrint.

Criar um prato Arco-íris

A Dieta do Arco-íris permite a ingestão de todos os alimentos de baixa caloria, de carboidratos complexos ou de proteínas magras de qualquer cor do Arco-íris. As refeições e os lanches devem ser constituídos de pelo menos 80% de alimentos de origem vegetal e não mais que 20% de alimentos de origem animal. O prato sempre deverá parecer um Arco-íris: não pode haver excesso de uma única cor, e é importante que haja muita variação. Se possível, escolha produtos alimentares e suplementos oriundos de fontes naturais ou orgânicas.

Por eliminar alimentos extremos, essa dieta não permite o uso de alimentos brancos: sal refinado, açúcar branco, farinha branca, leite de soja, arroz branco, batata branca ou massas brancas. Em vez de alimentos brancos, escolha versões mais coloridas:

- no lugar de arroz branco, escolha o integral;
- no lugar de açúcar branco, escolha açúcar mascavo ou mel;
- no lugar de batata branca, escolha batata-doce e inhame;
- no lugar de farinha branca, use farinha integral;
- no lugar de sal, tempere a comida com condimentos.

Regras da Dieta do Arco-íris

1. A maioria das refeições deve conter boa variedade de alimentos com cores vivas.
2. Não pule refeições. Faça três refeições no decorrer do dia e um lanche no fim da manhã ou no meio da tarde. Termine de jantar três horas antes de dormir.
3. Evite comidas enlatadas.
4. Evite gorduras saturadas.
5. Leia os rótulos com atenção: alguns alimentos "sem gordura" são ricos em açúcares e sal.
6. Evite alimentos em conserva ou defumados.
7. Prefira carnes magras e retire a gordura da carne sempre que possível.
8. Aumente a ingestão de fibras.

9. Beba uma variedade de chás coloridos.
10. Beba apenas sucos frescos, não concentrados.
11. Beba oito copos de água diariamente.
12. Evite alimentos processados, como farinha branca, sal, açúcar e refrigerantes.
13. Coma iogurte diariamente.
14. Coma alimentos crus como aipo, cenoura, maçã e pêra.

As 20 frutas e vegetais do Arco-íris com maior poder antioxidante

Vermelho	Morango, framboesa, cereja, feijão-vermelho, beterraba
Laranja	Batata-doce, laranja, pimentão amarelo
Amarelo	Abóbora, alcachofra, pimentão amarelo
Verde	Couve, espinafre, brócolis, pimentão verde
Azul	Uva
Índigo	Figo, amora, ameixa, ameixa seca

As cores naturais do Arco-íris

Estudos mostram que o aumento do consumo de frutas e legumes aliado à redução no consumo de calorias é a melhor forma de perder peso. Apresento a seguir uma vasta lista de frutas e vegetais classificados por cor e o significado dessas cores em termos nutricionais.

Vermelhos. Muitos alimentos vermelhos contêm compostos antioxidantes que preservam o corpo dos efeitos danosos dos radicais livres. Os pigmentos vermelhos protegem os vasos sanguíneos, a cartilagem, os tendões e os ligamentos. Esses pigmentos podem reduzir a probabilidade de câncer ao prevenir a degeneração dos tecidos que às vezes acompanha a irritação crônica. Destacam-se repolho roxo, cebola roxa, pimentão vermelho (todas as variedades), tomate (todas as variedades), maçã vermelha (todas as variedades), banana, framboesa, morango, cereja, *grapefruit* vermelho, uva (variedades vermelhas e roxas), melancia, ruibarbo, feijão.

Laranja. As frutas e os vegetais cor de laranja têm altas taxas de carotenóides, que possuem propriedades antioxidantes e anticancerígenas. Os carotenóides produzem um aumento no número de células brancas em circulação no sangue e, portanto, fazem o mesmo efeito da conhecida equinácea, capaz de intensificar o funcionamento do sistema imunológico. Procure comer de dois a três alimentos cor de laranja por dia. Escolha entre cenoura, cebola espanhola, pastinaca, abóbora, batata-doce, damasco, manga, melão amarelo, melão-cantalupo, nectarina, laranja (todas as variedades), tangerina, pêssego, cunquate, semente de abóbora.

Amarelo. As frutas e os vegetais amarelos contêm grandes quantidades de fitoquímicos, incluindo alicina, além de carotenóides e bioflavonóides, que possuem propriedades anticancerígenas e antioxidantes. Procure comer pelo menos dois ou três alimentos amarelos todos os dias. Alguns exemplos: milho, castanha-de-caju, noz, amendoim, grão-de-bico, cebola amarela, abacaxi, pimentão amarelo, abobrinha amarela, abóbora, banana, *grapefruit,* limão-siciliano, mamão papaia, alcachofra-de-jerusalém, *pinoli,* soja, gergelim, macadâmia.

Verde. A clorofila, presente em todas as plantas verdes, possui propriedades anticancerígenas e desintoxicantes. As frutas e os vegetais verdes têm muita luteína e indol, que estão sendo estudados por suas propriedades antioxidantes. As folhas verdes contêm inúmeros carotenóides, bioflavonóides (vitaminas e minerais extras encontrados em diversos alimentos e que reduzem as inflamações), vitaminas e complexos minerais orgânicos. É recomendável comer pelo menos uma porção de folhas verdes por dia. A variedade é grande: alcachofra, aspargo, vagem, feijão-verde, fava, feijão-de-lima, brócolis, couve-de-bruxelas, repolho (todas as variedades), aipo, pepino, funcho, folha de nabo, couve, acelga, almeirão, folha de mostarda, alface (todas as variedades), alho-poró, quiabo, pimentão verde (todas as variedades), espinafre, cebolinha, abobrinha, maçã verde (todas as variedades), abacate, banana-da-terra, uva verde (todas as variedades), kiwi, limão, pêra (todas as variedades), feijão-mungo.

Azul. Muitos desses alimentos contêm antocianinas e fenóis, duas poderosas substâncias fitoquímicas estudadas por seus benefícios contra o envelhecimento. Frutas e vegetais azuis têm índice bastante elevado de componentes antioxidantes que protegem seu corpo dos efeitos danosos dos radicais livres: amora, uva escura (todas as variedades), groselha, feijão-preto, castanha-do-pará.

Índigo/violeta. Os alimentos índigo/violeta são abundantes em componentes antioxidantes. Os alimentos azul-escuros e índigo reduzem o "estresse oxidante", um dos principais fatores do envelhecimento. Eles também contêm níveis altos de resveratrol, que, acredita-se, reduz o risco de doenças cardíacas e câncer. Podemos citar: beterraba, repolho roxo, berinjela, uva rubi sem sementes, ameixa fresca (todas as variedades), ameixa seca, maracujá roxo, alcachofra roxa.

Fibras

Nosso sistema digestivo precisa de 40 a 45 g de fibra por dia para funcionar adequadamente. Podemos obter fibras de diversas fontes, incluindo frutas, legumes, pães e cereais. Verifique as embalagens para descobrir a quantidade de fibras em alimentos assados e escolha pães, cereais e massas integrais. Folhas verdes, raízes, feijões e lentilhas são ótimas fontes. Outros alimentos ricos em fibras são quinoa, painço, triguilho, trigo-sarraceno, sementes e nozes em geral. Algas marinhas e de água doce, folhas verde-escuras, produtos orgânicos e grãos preparados adequadamente são boas fontes de minerais essenciais. Coma algas todos os dias. Acrescente algas e folhas a toda sopa ou prato de legumes que fizer.

Grãos do Arco-íris

Arroz arbóreo, fubá, cuscuz de sêmola, massa de ovos, cevadinha, painço, farelo de aveia, aveia de flocos grossos, *risoni* integral, arroz integral, quinoa, triguilho, aveia de flocos finos, massa de açafrão, massa de soja, macarrão cabelo-de-anjo com ovos, cevada, flocos de trigo integral, massa de trigo integral, arroz selvagem.

Chás de cores vivas

Os chás estimulam a digestão, limpam o corpo e dão muita energia. Além disso, há 4.000 bioflavonóides, presentes em diversos tipos de chás de ervas ou cafeinados, que desaceleram o relógio biológico. O chá também é repleto de polifenóis, que têm valor antioxidante mais elevado; os chás mais escuros os têm em maior concentração. Muitas vezes combino dois ou três chás para obter mais cor e assim mais benefícios. Costumo combinar chá verde com amora.

Um Arco-íris de chás

Vermelho: morango
Laranja: maracujá, gengibre, laranja
Amarelo: camomila, limão-siciliano
Verde: chá verde
Azul: amora azul-escura
Índigo: chá floral
Violeta: framboesa

A mesmice está nos matando: tempere a vida!

A dieta rica em carboidratos refinados, como farinha branca, sal branco e alimentos processados, está literalmente nos envelhecendo. Obtemos o volume sem os nutrientes, além de ficarmos viciados. A chave para tornar-se mais jovem é incorporar mais cor ao seu prato. Cor significa nutrientes, antioxidantes e bioflavonóides.

Cada tantinho de cor é importante. Ervas e temperos, por exemplo, estão repletos de nutrientes capazes de acrescentar cor, sabor e vitaminas a muitos pratos insossos. Eles contêm antioxidantes e fatores antibacterianos que ajudam a manter a saúde. Além do mais, alimentos condimentados impulsionam nosso metabolismo e assim queimamos calorias de modo mais eficiente.

Incorpore à sua alimentação os seguintes temperos para obter o poder de cura da Dieta do Arco-íris:

- o alecrim e o manjericão têm poder antiinflamatório;
- o cominho e a sálvia combatem a demência;
- a pimenta-caiena e a canela combatem a obesidade;
- o coentro, a canela e a pimenta-jamaica controlam as taxas de glicose;
- o capim-limão, a noz-moscada, o louro e o açafrão têm efeito calmante;
- a cúrcuma combate o câncer;
- o orégano tem poder antifúngico;
- o alho, a semente de mostarda e a chicória estimulam o coração;
- o manjericão e o tomilho preservam a pele;
- a cúrcuma, o manjericão, o tomilho, o açafrão e o gengibre ajudam o sistema imunológico;
- o coentro, o alecrim, a pimenta-de-caiena e a pimenta-do-reino têm o poder de afastar a melancolia.

Passo 6: exercícios físicos antiidade

Trinta minutos de exercício são suficientes para você reverter o envelhecimento e ficar mais jovem. Baseando-se em seu AgePrint, converse com seu médico sobre um programa de exercícios antes de começar. Inclua exercícios aeróbicos, musculação e relaxamento (como a meditação) no seu programa.

Para o coração envelhecido	Aumenta a circulação corporal; reduz a freqüência cardíaca e a pressão arterial; aumenta o poder de bombeamento do coração; dilata os vasos
Para o sistema imunológico em baixa	Reduz os níveis de cortisol, reforçando o sistema imunológico e combatendo o câncer
Para a disfunção sexual	Aumenta o apetite sexual; aumenta o fluxo sangüíneo para os órgãos sexuais; aumenta a produção de hormônios sexuais
Para ossos e músculos fracos	Aumenta a força muscular e a mobilidade das articulações; aumenta a densidade óssea; reduz o risco de danos musculares; melhora a razão músculo/gordura
Para a pele em envelhecimento	Aumenta a circulação para a pele; limpa os poros por meio da transpiração

O programa Você Mais Jovem

A medicina antiidade se baseia nos ideais do tratamento preventivo. Toda doença tem muitas etapas, e freqüentemente o que chamamos de prevenção é, na realidade, uma reversão precoce da doença.

Mas isso não quer dizer que atiramos para todos os lados na esperança de acertar o alvo; a prevenção não é tomar um punhado de vitaminas esperando um bem-estar generalizado. Muitas medidas de prevenção foram massacradas pela imprensa porque com freqüência são prescritas para uma população que não precisa delas. Um exemplo disso é que não é necessário tomar suplementos para a próstata, a não ser que se tenha um histórico familiar de doença de próstata ou próstata aumentada. Se seu AgePrint para a andropausa é normal, não é preciso tratá-la.

Este livro não pretende consertar o que não está quebrado; não acredito na abordagem do "punhado de vitaminas" para a saúde "geral". Em vez disso, procuro ensinar como tomar os suplementos corretos para reverter uma pausa que você sabe que tem depois de responder ao questionário do AgePrint. Aos 30 anos, você já deve ter uma ou mais partes com 40 anos. A maioria das mulheres tem algum sintoma da menopausa, seja pele ressecada, alterações de concentração ou de ciclos de sono. E, apesar de as outras partes talvez terem 20 anos, é preciso se concentrar nas mais velhas. Além disso, ao fazer o acompanhamento com o médico, você pode começar a tomar uma dose baixa de progesterona aos 40 anos de idade para contrabalançar os primeiros estágios da perimenopausa, o que também ajuda a prevenir a perda óssea futura.

Depois você prosseguirá com um roteiro para reverter o envelhecimento dessa parte mais velha. Para combater doenças em estágio inicial, é preciso seguir à risca a Dieta do Arco-íris, avaliar seu estado emocional e mental, reconhecer as relações pessoais positivas e negativas, praticar exercícios e refazer o teste do AgePrint anualmente.

Mesmo com tudo isso, você verá outras partes envelhecendo e terá de restaurá-las. Continuaremos a ficar mais velhos cronologicamente, mas não somos obrigados a viver como velhos. Não seremos capazes de postergar a menopausa, mas poderemos controlar e reverter seus sintomas da melhor maneira possível.

2 + 2 = 5

Cada vez que consertamos uma pausa e um grupo de códigos de envelhecimento, especialmente no cérebro, revertemos todo o AgePrint. Voltamos no tempo. Depois de consertar uma ou duas pausas, os resultados são ainda mais impressionantes. Como disse Dostoiévski, 2 + 2 = 4 é bom, mas 2 + 2 = 5 é mais interessante.

Você pode ter uma saúde duradoura e total. Depois de descobrir seu AgePrint, o passo seguinte é começar o programa Você Mais Jovem. Então introduza pequenas mudanças, incorporando um tipo de tratamento de cada vez.

2

O questionário do AgePrint

Saber a idade de cada parte do seu corpo o ajudará a definir a melhor opção de tratamento. Concentre-se primeiro em suas partes mais velhas.

Você é uma corrente: encontre o elo mais fraco

Quase todos os problemas de saúde têm um antecedente de dez ou 20 anos; ninguém entra em colapso do dia para a noite. Se você está acima do peso há 20 anos, pode ter certeza de que seu coração não está funcionando da melhor maneira possível, pois agora trabalha duas ou três vezes mais do que trabalharia normalmente caso você estivesse no peso ideal. Se seus ossos sempre quebraram com facilidade, é sinal de osteoporose. Essas situações são consideradas elos fracos pessoais. Portanto, se você tem 50 anos, não chegou aí sem que alguns desses elos mais fracos envelhecessem com mais rapidez. Não tenha dúvida: essas partes mais velhas e os elos fracos de seu corpo o arrastarão como um todo para uma idade mais avançada.

É por isso que todos os que vêm ao meu consultório fazem o que costumo apelidar de exame "Guerra nas estrelas". Essas ferramentas avançadas de diagnóstico me fornecem as pistas necessárias para desenvolver os tratamentos mais adequados para cada paciente. Esse tipo de exame físico oferece informações mais precisas para qualquer enfermidade. Exames BEAM, por exemplo, ajudam a detectar o mal de Alzheimer e perdas de memória antes que surjam os sintomas. Graças a essa tecnologia, podemos descobrir, diagnosticar e tratar os desequilíbrios associados ao Alzheimer, à depressão, à insônia e à esquizofrenia. O exame DEXA é capaz de detectar os estágios iniciais de osteoporose em indivíduos com apenas 10 anos de idade. As PET, as tomografias computadorizadas e as angiografias podem localizar imediatamente doenças cardíacas ou câncer de pulmão.

Ultra-som dos pés à cabeça

O ultra-som é superior ao exame físico em todos os aspectos. Os médicos que examinam o corpo humano freqüentemente deixam de perceber coisas. Apesar de a ressonância magnética ser melhor para detectar esclerose múltipla e alguns tipos de câncer, a tomografia é melhor para descobrir tumores de pulmão e hemorragias cerebrais. O exame PET é mais eficiente na detecção de tumores. Entretanto, nada cobre mais áreas do corpo e identifica mais doenças do que um ultra-som dos pés à cabeça. Aqui vão alguns exemplos:

- **Ultra-som transcraniano**: as anormalidades (aumento da velocidade do fluxo sanguíneo) podem ser causadas por espasmos ou bloqueios vasculares.
- **Ultra-som de carótida**: mostra alterações iniciais do fluxo sanguíneo, espessamento da íntima, ou doença arterioesclerótica avançada (coágulos).
- **Ultra-som de tireóide**: mostra bócio, tireóide aumentada, massas, nódulos, calcificações, cistos ou atrofia mesmo em pacientes com exame físico normal (exceto para tireóide aumentada).
- **Ecocardiograma**: revela o tamanho do coração (dos quatro ventrículos), doença valvular precoce ou avançada, fração de ejeção, alterações na mobilidade das paredes como sinal de ataque cardíaco anterior ou atual e insuficiência cardíaca, alterações precoces na aparência do coração devido ao uso excessivo de álcool ou elevação da pressão arterial.

- **Ultra-som de mamas**: é a melhor forma de encontrar cistos de mama; por vezes também mostra nódulos, massas e calcificações em pacientes com exame de mama negativo.
- **Ultra-som abdominal**: às vezes revela aumento do fígado e do baço em pacientes obesos ou com exame físico normal; detecta alterações precoces da hepatite alcoólica, fígado gorduroso, pedras de vesícula, espessamento da parede da vesícula biliar, cistos hepáticos, hemangiomas, outros tumores benignos e câncer, calcificações, cistos/calcificações de pâncreas, aumento ou alterações arterioescleróticas da aorta abdominal.
- **Ultra-som renal**: detecta pedras nos rins, cistos, tumores, muitas vezes encontrados por acaso em pacientes sem queixas; coleção de fluidos nos rins (hidronefrose) e aumento ou atrofia dos rins.
- **Ultra-som pélvico**: mostra aumento uterino, fibróides, alterações nos ovários (aumento, cistos, tumores), endométrio alterado, cistos cervicais, coleção de fluido devido a tumor avançado ou aumento do tamanho da bexiga e pedras.
- **Ultra-som de próstata**: revela o tamanho da próstata, nódulos, calcificações, massa, tamanho e função da bexiga, presença de urina residual em pacientes com próstata aumentada e às vezes em pacientes cujo exame de toque foi normal.
- **Ultra-som escrotal**: mostra o tamanho dos testículos e epidídimos, a presença de varicocele, espermatocele, calcificações ou tumores às vezes não encontrados no exame físico.

O AgePrint

Mesmo com a tecnologia mais avançada, todo médico experiente deve confiar, em primeiro lugar, no relato do paciente para avaliar suas condições físicas. Com o AgePrint, é possível determinar com precisão as pausas nos órgãos e os códigos de envelhecimento, além da idade de cada sistema. Esse questionário simples ajudará a indicar não apenas a pausa que está afetando sua saúde, mas também em que estágio ela está. Os resultados do questionário fornecem uma idade aproximada para cada órgão e sistema do corpo.

O questionário do AgePrint: conheça a idade real de cada parte do seu corpo

Ao preencher esse simples questionário, você estará a caminho de identificar seus marcadores pessoais de envelhecimento. Será que corre o risco de ficar obeso, desenvolver síndrome de fadiga crônica ou compulsão por comida, cigarros ou álcool? Contrairá o mal de Alzheimer ou terá transtorno de ansiedade? Ficará deprimido ou terá problemas de sono? Seu coração perderá potência de bombeamento ou apresentará danos nas válvulas? Você está desenvolvendo câncer ou alguma doença auto-imune? Está perdendo libido ou sua circunferência abdominal está aumentando devido à falta de testosterona? Terá osteoporose ou perda de memória na menopausa? Ou será que sua pele vai começar a enrugar e você perderá cabelo antes da hora? Ao avaliar sua saúde hoje, o AgePrint o ajudará a determinar e reverter suas pausas para que continue jovem no futuro.

Instruções

Esse questionário não deve consumir mais do que 15 ou 20 minutos do seu tempo, mas requer concentração. Tente responder tudo de uma vez. Não tenha pressa e procure um lugar calmo, longe de distrações, barulhos e outras atividades. Verifique seu estado físico. Adie o teste se estiver se sentindo mal, cansado ou com fome.

As perguntas a seguir podem ser respondidas como verdadeiras ou falsas. Tente não pensar muito e responda de acordo com sua sensação na maior parte do tempo. Não há respostas certas ou erradas aqui. Lembre-se de que todos nós temos elos fracos e passamos por uma ou mais pausas.

Se realmente quiser ter uma idéia de sua saúde geral, responda com sinceridade.

Será mais surpreendente descobrir que não está passando por uma pausa do que descobrir que está.

Pontuação

Cada resposta verdadeira vale 1 ponto. Some os pontos no fim de cada seção. Acrescente um 0 (zero) à pontuação final: esse é o AgePrint daquele sistema biológico. Por exemplo, se sua pontuação na primeira seção for 3, seu AgePrint para potência cerebral é 30. Se o AgePrint for menor do que sua idade cronológica, você está em boa forma. Se a idade de pausa for maior do que sua idade verdadeira, você precisa pensar em tratamento. Quanto antes tratar das pausas de idade, melhor. A seção com a maior pontuação será sua parte mais velha e deve ser a primeira a ser abordada. Depois de observar resultados seguindo um dos esquemas específicos de tratamento descritos neste livro, refaça o teste para descobrir outras regiões do seu corpo que podem ser melhoradas. Quando um grupo de códigos de envelhecimento é normalizado, outras áreas da saúde se beneficiam também.

Grupo 1: O AgePrint do cérebro

Eletropausa: a pausa da bioquímica elétrica do cérebro

Dopamina: combustível cerebral

1.	Engordei mais de 10 quilos desde os 20 anos de idade.	V/F
2.	Sou fumante.	V/F
3.	Sei que preciso fazer exercícios, mas não tenho energia.	V/F
4.	Como demais quando estou estressado.	V/F
5.	Tenho problemas para me concentrar em casa ou no trabalho.	V/F
6.	Nunca consigo dormir o suficiente.	V/F
7.	Tenho de tomar pelo menos uma xícara de café para ficar "ligado" de manhã.	V/F
8.	Não tenho impulso sexual.	V/F

9. Fui diagnosticado com doença cardíaca. V/F
10. Bebo mais de três doses de álcool por semana. V/F

Número de respostas verdadeiras: ______; acrescente 0 ao número = código de idade da dopamina: ___________ *(Ver Capítulo 3)*

Acetilcolina: cognição cerebral

1. Meus amigos dizem que estou ficando esquecido. V/F
2. Tenho queda de cabelo. V/F
3. Minha capacidade de guardar fisionomias diminuiu. V/F
4. Preciso anotar até mesmo as listas, instruções ou orientações mais simples. V/F
5. Minha capacidade de lembrar de números diminuiu. V/F
6. Minha memória está pior. V/F
7. Minha capacidade de administração diminuiu. V/F
8. Não sinto que meu cérebro esteja funcionando direito. V/F
9. Tenho histórico familiar de Alzheimer e/ou demência. V/F
10. Muitas vezes esqueço onde coloco coisas importantes, como chaves ou remédios. V/F

Número de respostas verdadeiras: ______; acrescente 0 ao número = código de idade da acetilcolina: ___________ *(Ver Capítulo 4)*

GABA: estabilidade cerebral

1. Sinto palpitações cardíacas com freqüência. V/F
2. À medida que envelheço, minha paciência diminui. V/F
3. Meus músculos estão mais tensos do que nunca. V/F

4. Tenho dores freqüentes nas costas. V/F
5. Estou sempre a um passo de perder a paciência. V/F
6. Tenho pressão alta. V/F
7. Tenho mais propensão a ficar preocupado do que antigamente. V/F
8. Fico irritado por coisas pequenas. V/F
9. Às vezes tenho convulsões. V/F
10. Tenho variações súbitas de humor. V/F

Número de respostas verdadeiras: _______; acrescente 0 ao número = código de idade do GABA: ___________ *(Ver Capítulo 5)*

Serotonina: serenidade cerebral

1. Acordo à noite. V/F
2. Nunca tenho muita fome, mas às vezes me pego comendo mais do que o necessário. V/F
3. Não faço as atividades que costumava gostar de fazer. V/F
4. Gostava de correr riscos, agora tenho dificuldade para tomar decisões. V/F
5. Eu me pego pensando na mesma coisa repetidamente. V/F
6. Sinto como se a vida estivesse passando sem a minha participação. V/F
7. Não consigo lidar com crises. V/F
8. Os menores problemas me fazem perder a cabeça. V/F
9. Penso freqüentemente em suicídio. V/F
10. Quando jovem, diziam-me que eu era mal-humorado. V/F

Número de respostas verdadeiras: _______; acrescente 0 ao número = código de idade da serotonina: ___________ *(Ver Capítulo 6)*

Grupo 2: sobrecarga no sistema vascular

Cardiopausa: desaceleração e envelhecimento do coração

1. Minhas pernas são inchadas. V/F
2. Sinto falta de ar quando faço exercícios. V/F
3. Sinto tontura freqüentemente. V/F
4. Meu médico disse que tenho sopro no coração. V/F
5. Tenho dificuldade de respirar quando estou deitado. V/F
6. Tenho batimentos cardíacos rápidos. V/F
7. Sinto-me sempre cansado durante o dia. V/F
8. Tenho uma tosse que nunca vai embora. V/F
9. Já senti dor, desconforto, peso e pressão no peito. V/F
10. Meus lábios ficam azulados com freqüência. V/F

Número de respostas verdadeiras: _______; acrescente 0 ao número = código de idade da cardiopausa: ____________ *(Ver Capítulo 7)*

Vasculopausa: envelhecimento do sistema vascular periférico

1. Tenho coágulos no sangue. V/F
2. Minhas mãos e meus pés são frios. V/F
3. Vejo mais veias nas minhas pernas do que antigamente. V/F
4. Meus tornozelos às vezes incham. V/F
5. Já tive úlceras na perna. V/F
6. Minha pele é seca, fina e descama muito. V/F
7. Minhas unhas são macias e quebradiças. V/F
8. A pele das minhas pernas está mais escura ou avermelhada. V/F

9.	Perdi os pêlos da perna.	V/F
10.	Sinto dores na perna ao caminhar.	V/F

Número de respostas verdadeiras: _______; acrescente 0 ao número = código de idade da vasculopausa: ____________ *(Ver Capítulo 8)*

Grupo 3: sistemas moduladores

Tireopausa: metabolismo enfraquecido e doenças relacionadas

1.	Tenho o pescoço aumentado.	V/F
2.	Sinto fraqueza e cansaço o tempo todo.	V/F
3.	Tenho maior sensibilidade ao frio.	V/F
4.	Meus reflexos são demorados.	V/F
5.	Já me disseram que estou anêmico.	V/F
6.	Meus batimentos cardíacos são lentos.	V/F
7.	Meu metabolismo diminuiu com a idade.	V/F
8.	*(para mulheres)* Minha menstruação é mais intensa do que costumava ser.	V/F
9.	Tenho prisão de ventre freqüentemente.	V/F
10.	Fico rouco com freqüência.	V/F

Número de respostas verdadeiras: _______; acrescente 0 ao número = código de idade da tireopausa: ____________ *(Ver Capítulo 9)*

Imunopausa: envelhecimento do sistema imunológico

1.	Notei mais verrugas ou cistos no meu corpo.	V/F
2.	Cortes ou hematomas demoram mais para desaparecer.	V/F
3.	Meu exame de sangue mostra deficiência de células T.	V/F

4. Tenho uma tosse persistente que não desaparece. V/F
5. Tenho otite ou sinusite freqüentemente. V/F
6. Tenho uma sensação de inchaço no abdome não relacionada à comida. V/F
7. Já vi sangue na minha urina. V/F
8. Sinto dores nos quadris, na coluna ou nas costelas. V/F
9. Muitas vezes preciso tomar laxantes para regular o intestino. V/F

Número de respostas verdadeiras: _______; acrescente 0 ao número = código de idade da imunopausa: ___________ *(Ver Capítulo 10)*

Grupo 4: envelhecimento da sexualidade

Menopausa: somente para mulheres

1. Minhas unhas estão fracas e se quebram com facilidade. V/F
2. Minha vagina é mais seca do que antigamente. V/F
3. Perco muito cabelo toda semana, e ele parece mais quebradiço do que antes. V/F
4. Meus seios estão começando a cair. V/F
5. Sinto ondas de calor durante o dia. V/F
6. Raramente tenho vontade de fazer sexo. V/F
7. Meu médico prescreveu estrogênio, progesterona, testosterona ou DHEA. Subtraia 1 ponto se essas substâncias forem naturais. V/F
8. Estou experimentando os estágios iniciais de osteoporose ou perda de altura. V/F
9. Não lembro de detalhes como antigamente. V/F
10. Comecei a ter sudorese noturna. V/F

Número de respostas verdadeiras: _______; acrescente 0 ao número = código de idade da menopausa: ___________ *(Ver Capítulo 11)*

Andropausa: somente para homens

1. Quando faço sexo, demoro muito tempo para atingir o clímax. V/F
2. Meu peso em excesso se concentra na cintura. V/F
3. Meu apetite sexual diminuiu. V/F
4. Meus braços e minhas pernas estão finos. V/F
5. Percebi que o volume da minha ejaculação diminuiu. V/F
6. Não preciso me barbear com tanta freqüência como quando era jovem. V/F
7. Perdi pêlos no corpo. V/F
8. Percebi que meu pescoço está cada vez mais largo. V/F
9. Meu médico disse que meu nível de testosterona está caindo. V/F

Número de respostas verdadeiras: _______; acrescente 0 ao número = código de idade da andropausa: ____________ *(Ver Capítulo 12)*

Grupo 5: envelhecimento músculo-esquelético

Osteopausa: envelhecimento dos ossos e perda de densidade óssea

1. Sinto dores nos quadris e nos joelhos. V/F
2. Fui diagnosticado com osteopenia ou osteoporose. V/F
3. Perdi alguns centímetros de altura no decorrer dos anos (meça sua altura agora para descobrir). V/F
4. Já quebrei um osso. V/F
5. Tenho histórico de coluna curvada ou corcunda e/ou postura curvada na família. V/F
6. Pesei menos de 55 quilos já na idade adulta. V/F
7. Já usei esteróides anabólicos. V/F
8. *(Para mulheres)* Minha menstruação já deixou de vir durante mais de um ano. *(Para homens)* Penso em fazer sexo menos de duas vezes por semana. V/F

9. Sofri de distúrbio alimentar que me fez perder muito peso. V/F
10. Tenho pele e olhos claros. V/F

Número de respostas verdadeiras: _______; acrescente 0 ao número = código de idade da osteopausa: ____________ *(Ver Capítulo 13)*

Paratireopausa: a conexão de cálcio entre cérebro e ossos

1. Minhas sobrancelhas estão menos espessas. V/F
2. Sinto mais ansiedade do que antes. V/F
3. Tenho a visão embaçada. V/F
4. Já me disseram que tenho catarata nos olhos. V/F
5. Caio com freqüência. V/F
6. Sinto preguiça a maior parte do tempo. V/F
7. Já me disseram que minha personalidade mudou. V/F
8. Meus músculos às vezes têm espasmos. V/F
9. Tenho candidíase com freqüência. V/F
10. Meu médico me disse que meus reflexos diminuíram. V/F

Número de respostas verdadeiras: _______; acrescente 0 ao número = código de idade da paratireopausa: ____________ (*Ver Capítulo 13*)

Somatopausa: envelhecimento dos músculos e perda de massa muscular

1. Comecei a ter rugas. V/F
2. Meu cabelo e minhas unhas não crescem tão rápido como antigamente. V/F
3. Meus amigos têm muito menos cabelos brancos do que eu. V/F
4. Minha pele está ficando mais fina. V/F
5. Não sou tão alto quanto antes. V/F

6. Não sou tão ágil quanto antes. V/F
7. Não sou tão forte quanto antes. V/F
8. Tenho dificuldade para abrir potes ou carregar peso. V/F
9. Ganhei gordura corporal, especialmente na cintura. V/F
10. Disseram-me que meu colesterol está elevado. V/F

Número de respostas verdadeiras: _______; acrescente 0 ao número = código de idade da somatopausa: ____________ *(Ver Capítulo 14)*

Grupo 6: alterações na pele

Dermatopausa: envelhecimento da pele e perda de colágeno e estrutura

1. Minha pele está começando a ficar caída. V/F
2. Tenho muitas rugas. V/F
3. Minha pele não parece ter a mesma elasticidade de antes. V/F
4. Tenho manchas senis, descolorações de pele, microvarizes ou manchas vermelhas. V/F
5. Tenho cistos externos, calombos ou caroços. V/F
6. Minha pele perdeu o brilho. V/F
7. Fui diagnosticado com câncer de pele. V/F
8. A pele sob meu pescoço está caindo. V/F
9. Tenho papada. V/F
10. Passei muito tempo da minha vida ao sol sem proteção adequada. V/F

Número de respostas verdadeiras: _______; acrescente 0 ao número = código de idade da dermatopausa: ____________ *(Ver Capítulo 15)*

Seu AgePrint

Registre sua pontuação de códigos de idade na tabela a seguir. Esse é seu AgePrint, que é único, como você. Após seis meses desde que começou a seguir os conselhos deste livro, refaça o teste e veja se algum código mudou. Registre os códigos de idade mais elevados para cada intervalo e observe se eles sofreram alteração. Ao pôr em prática as sugestões deste livro, você será capaz de mapear as melhorias drásticas que perceber em todos os aspectos da sua saúde.

Se um de seus códigos de idade for mais de 20 anos maior do que sua idade atual, considere que sua saúde está em risco e marque uma consulta com um médico. Se sua idade de eletropausa em uma das quatro primeiras categorias for 90 ou mais, independentemente da sua idade verdadeira, você está vivenciando uma crise de saúde. Procure logo um médico e um especialista apropriado.

Avançando

O restante do livro se concentrará em cada pausa. Você descobrirá quando elas têm maior probabilidade de ocorrer e quais os sintomas mais comuns. Também aprenderá quais os exames necessários e todas as modalidades de tratamento.

Tabela do AgePrint

	Código de idade inicial	**Seis meses depois**	**Nove meses depois**	**Um ano depois**	**Dezoito meses depois**
Dopamina					
Acetilcolina					
GABA					
Serotonina					
Cardiopausa					
Vasculopausa					
Tireopausa					
Imunopausa					
Menopausa					
Andropausa					
Osteopausa					
Paratireopausa					
Somatopausa					
Dermatopausa					

A reversão acontece no cérebro e no corpo. Não são apenas seus sinais elétricos que precisam estar acesos e respondendo de forma adequada; seu corpo também deve estar na melhor forma possível. Esta é a definição de reversão da idade: conhecer as ferramentas que capacitam o cérebro e o corpo a funcionar da melhor maneira possível à medida que a idade avança.

Manter o cérebro vivo desacelera as pausas

Causar danos ao cérebro por meio de doenças corporais acelera as pausas. A deficiência de testosterona, por exemplo, pode ser observada em homens jovens estressados, com 20 a 30 anos de idade. Os homens podem passar pela andropausa entre os 40 e os 80 anos, dependendo de sua saúde cerebral. Embora a menopausa seja geneticamente programada, existe muita variação quanto a seu início e sua progressão: isso dependerá da condição cerebral da mulher. Quando há muito estresse cerebral, as mulheres podem entrar prematuramente na menopausa.

Concentre-se em sua parte mais velha

Após conseguir controlar a velocidade e a potência do seu cérebro, você poderá lidar com as pausas. Leia primeiro os capítulos relacionados à sua pausa principal. Depois aqueles que dizem respeito à sua segunda pausa principal, até equilibrar todas. No processo, registre seu progresso na tabela e felicite-se pelas mudanças que fizer no sentido de se tornar mais jovem.

Pausas múltiplas em miniatura

A idade avançada pode envolver a necessidade de alguns reparos, e talvez você precise responder ao questionário freqüentemente para descobrir como estão seus órgãos. Há muitos órgãos não mencionados neste livro. Para descobrir se seu sistema gastrointestinal está envelhecendo ou se seus sentidos estão enfraquecendo, acesse nosso site (www.pathmed.com) e responda ao questionário completo. Eis aqui uma tabela das outras pausas não abordadas neste livro.

Pausa	Declínio de	Idade	Medida de código de envelhecimento	Fórmulas de reversão
Psicopausa	Personalidade, atenção, QI, memória e humor	50-60	Verificação de sintomas dos principais problemas psiquiátricos e de personalidade	Química cerebral, neurofeedback e exercícios para a mente
Pinealpausa	Profundidade do sono, sono na fase REM — onde os reparos ocorrem	5-10	Níveis séricos e urinários de melatonina	Suplementação com melatonina e precursor triptofano
Pituipausa	Saúde hormonal e glandular	Após os 50	Níveis de LH/FSH no sangue	Reposição hormonal
Sensopausa	Audição, visão, olfato, tato e paladar	Após os 50	Reduções nos sentidos	Hormônios, zinco, niacina, *bilberry*
Pulmopausa	Elasticidade e funcionamento do pulmão	40	Redução no teste de função pulmonar	NAC, DHEA
Gastropausa	Absorção de nutrientes, acidez gástrica, absorção de cálcio, folato, niacina e vitaminas B_1, B_2 e B_{12}	30	Níveis séricos de aminoácidos, ácidos graxos, vitaminas, minerais e elementos essenciais	Nutrientes
Adrenopausa	DHEA	20	Níveis de cortisol e DHEA/DHEAS	Reposição hormonal
Nefropausa	Função renal	40-50	Níveis de eritropoietina e creatinina	Reposição hormonal e dieta com baixa proteína
Insulpausa	Tolerância a glicose e níveis de hormônio do crescimento	40	Obesidade e níveis elevados de glicose	Alterações de dieta e hormônios
Uropausa	Controle da bexiga e resistência a infecções	40-50	Ultra-som pélvico, níveis de PSA e urinálise	Tratamento hormonal e uso de nutrientes para a próstata
Genopausa	DNA, saúde dos pares de bases de DNA	20	Produtos da degradação da purina	Antioxidantes

3

Dopamina: aumentando a potência cerebral

A potência cerebral é o fogo que mantém a mente viva, alerta, acordada e consciente. No entanto, quando o cérebro não produz dopamina suficiente, a potência cerebral diminui e ocorre uma queda de energia. Com a baixa de dopamina, você perceberá que o corpo diminui de velocidade de todas as formas imagináveis. A princípio, talvez sinta fadiga, palidez ou até tontura. Então surgem sintomas mais complicados, como redução da libido, disfunção sexual, ganho de peso e dificuldade para realizar as tarefas mais complicadas. Podem ocorrer também diminuição de energia para praticar atividades físicas ou até pensamentos autodestrutivos.

A sensação de cansaço é, muitas vezes, difícil de suportar. A fadiga é um problema médico grave e um enorme acelerador da idade. Quando estamos cansados tendemos a compensar a falta de energia usando a comida como medicação. O cérebro e o corpo começam a ansiar pela energia que não têm, e o resultado é nos sentirmos atraídos por alimentos que oferecem uma sensação semelhante de energia — ou seja, açúcar, carboidratos simples e cafeína. Sem perceber, você ganhará peso e estará literalmente viciado nesses alimentos; sem eles, sentirá sintomas de abstinência. E a cada vez será necessária uma quantidade maior para manter os níveis de energia e dopamina elevados. Pode ser que você nunca tenha uma overdose de alimentos — como poderia ter se seu vício fosse de cocaína —, mas os resultados da compulsão alimentar são igualmente perigosos. Afinal, a obesidade é a maior aceleradora de idade.

A fadiga é um acelerador de idade

O fato é simples: à medida que envelhecemos, sentimos cansaço. A produção de dopamina cai, o metabolismo diminui e a energia também. Satisfazer a necessidade de energia com comida provoca uma desaceleração ainda maior. Quando a fadiga é combinada com doenças e com o envelhecimento generalizado, o resultado é desastroso. A boa notícia é que é possível restaurar a energia, de forma a não sentirmos tanto cansaço.

O sobrepeso provoca o envio de um código a todas as partes do corpo indicando que chegou a hora de envelhecer. Esse código atacará o elo mais fraco — ativando, por exemplo, o desenvolvimento de câncer no fígado, que foi consumido pela gordura; ou entupindo as artérias com gordura, o que leva a um ataque cardíaco. Como resultado do acúmulo de células gordurosas no corpo obeso, alguns sinais são enviados à medida que a saúde deteriora. É possível que surjam sintomas como ansiedade, depressão, problemas cardíacos, insônia; qualquer que seja o sintoma, a causa pode ser a obesidade.

O perigo dos níveis baixos de dopamina

Os níveis baixos de dopamina afetam todas as pausas do corpo. Trata-se de um dos aceleradores de idade mais poderosos: ele envia um sinal aos outros sistemas corporais, indicando que é hora de parar de funcionar. As pausas listadas a seguir podem ser ativadas por condições resultantes de deficiência de dopamina:

- **Cardiopausa**: o coração em processo de envelhecimento afeta o ritmo cardíaco, pois interfere nos sinais elétricos. O ganho de peso e o cansaço resultantes ocorrem porque a falta de dopamina aumenta a pressão, sobrecarregando o coração, que precisa trabalhar mais do que antes. Além disso, as escolhas alimentares erradas induzidas pela falta de dopamina podem levar ao cansaço, a níveis elevados de colesterol e ao aumento de pressão, o que por sua vez afeta ainda mais o sistema vascular, pois provoca o entupimento de vasos e origina placas, coágulos e até derrames.

- **Imunopausa**: o sistema imunológico é como o órgão de saneamento do corpo: circula e limpa o lixo que provoca doenças. Quando está comprometido pelo excesso de peso causado pela falta de dopamina, perde a capacidade de cumprir sua tarefa direito. É aí que todas as "ites" começam a aparecer: sinusite, artrite, dermatite, entre muitas outras. Uma vez lançado o efeito das "ites", ossos, músculos, articulações e pele começam a se deteriorar em uma segunda reação em cadeia. A gordura em excesso afeta a capacidade do sistema imunológico de combater vírus e bactérias e de reconhecer e regular o crescimento excessivo das células do corpo. Este está sempre formando células pré-cancerosas, que devem ser controladas.

- **Menopausa**: a falta de dopamina é capaz de acelerar o início da menopausa; portanto, mulheres obesas podem entrar mais cedo na menopausa. A perda hormonal é um acelerador importante da idade; por esse motivo, a menopausa precoce dá início a uma segunda onda de piora de saúde, além dos sintomas mais conhecidos. É possível ocorrer maior queda de cabelo ou aumento do crescimento de pêlos, muitas vezes em locais inconvenientes, como o rosto. O ganho de peso em excesso, o cansaço, os ciclos de sono interrompidos, a depressão, a ansiedade e o vício podem levar à perda de interesse sexual e reduzir a auto-estima. A menopausa precoce também ocorre em mulheres magras demais.

- **Andropausa**: para os homens, a obesidade induzida pela falta de dopamina pode dificultar a detecção do câncer de próstata e resultar em diminuição mais rápida dos órgãos genitais, disfunções sexuais e perda de libido. Você ainda precisa de mais alguma razão para "simplesmente dizer não" à cerveja e aos salgadinhos em dia de jogo?

- **Osteopausa**: a gordura penetra nos ossos durante o desenvolvimento da osteoporose, substituindo os ossos normais. A estrutura óssea se espessa com a obesidade, dificultando o processo de perda de peso. O esqueleto não foi criado para suportar peso em excesso, e, sem os níveis adequados de dopamina, essa sobrecarga se fará sentir por meio de dores nas costas, nos joelhos, nos quadris e de aceleração da artrite.

- **Dermatopausa**: o aumento do tamanho corporal estica a pele, danificando sua textura. Como todos os que já ganharam e perderam peso sabem, as estrias sao uma lembrança constante do seu antigo tamanho. Se a obesidade for somada ao tabagismo, isso talvez resulte em pele seca ou até psoríase, sinais de que a dopamina está fora dos padrões.

O envelhecimento leva à obesidade

Assim como a redução na energia cerebral afeta o resto do corpo, o corpo em envelhecimento afeta a energia cerebral. Antes de iniciar qualquer dieta, faça um *check-up* para verificar se existem outros fatores que contribuem para o seu ganho de peso. Certos medicamentos, inclusive alguns prescritos para depressão e epilepsia, às vezes aumentam o apetite; portanto, pergunte a seu médico se o ganho de peso pode ser efeito colateral de alguma medicação.

O primeiro passo é fazer seu AgePrint. Compare sua parte mais velha com os quadros seguintes e veja se há alguma ligação.

- **Cardiopausa/vasculopausa**: as alterações na circulação sanguínea afetam o cérebro, o que diminui a taxa metabólica.
- **Sistema imunológico**: a fraqueza imunológica provoca infecções freqüentes, que aumentam a carga do cérebro e podem levar a um trauma cerebral. Quando danificado, o cérebro anseia por carboidratos. Nessa situação, é difícil selecionar os alimentos adequadamente. A perda de hormônios da tireóide também é capaz de alterar a taxa metabólica.
- **Sexualidade masculina em envelhecimento**: a diminuição da produção de testosterona causa, em primeiro lugar, obesidade abdominal, e mais tarde obesidade corporal generalizada, à medida que os músculos se transformam em gordura.
- **Sexualidade feminina em envelhecimento**: a perda de estrogênio, de progesterona e de testosterona provoca um aumento de peso de aproximadamente cinco quilos por década, começando aos 30 anos de idade.
- **Envelhecimento músculo-esquelético**: a perda de hormônios do crescimento reduz a capacidade do corpo de converter gordura em músculos, além de provocar perdas ósseas e musculares e a conseqüente redução da força física. O descontrole da produção de hormônio da paratireóide eleva seus níveis no corpo inteiro e provoca perda de calcitonina. Isso pode afetar a densidade óssea, que por sua vez influencia a escolha de alimentos. Quando desnutridos, desejamos alimentos não saudáveis e calóricos, como batata frita, salgadinhos, doces e massas. As alterações de densidade óssea também causam impacto sobre a saúde geral e o estresse emocional: quando estamos frágeis e sensíveis, perdemos a motivação para ter um estilo de vida saudável e passamos a fazer escolhas alimentares ruins.

Síndrome metabólica

É impressionante como a comunidade médica fala da síndrome metabólica sem relacioná-la ao envelhecimento. Quando descobrir o poder do AgePrint, você verá que a síndrome metabólica é um distúrbio químico cerebral causado pela deficiência de dopamina.

Um estudo recente observou que, quando pacientes obesos com síndrome metabólica começavam dietas semelhantes à que recomendo, os resultados eram impressionantes. Essas dietas foram formuladas para oferecer aos participantes 500 calorias a menos do que sua necessidade diária, ao mesmo tempo que aumentam o consumo de frutas, legumes, laticínios com baixo teor de gordura e grãos integrais e reduzem o consumo de carne vermelha, doces e alimentos refinados. Durante o estudo, os participantes apresentaram maior nível de HDL (o colesterol "bom"), menor nível de triglicerídeos, diminuição da pressão arterial, aceleração da perda de peso e melhora dos níveis de glicose no sangue em jejum, se comparados aos indivíduos que não fizeram a dieta.

Aja: recupere sua energia para rejuvenescer

A boa notícia é que o código da morte é fácil de decifrar: basta aumentar seu nível de dopamina e testemunhar a melhora na saúde. Estabilizando os níveis de dopamina e o seu código de envelhecimento, surgirão resultados excelentes: 2 + 2 realmente será igual a 5!

O questionário do Capítulo 2 indicará se você está perdendo dopamina. Há várias formas de solucionar o problema, seja por meio de medicamentos e hormônios bioidênticos, seja via nutrientes, suplementos e dieta. Você pode se guiar por sua deficiência. Se seu AgePrint para potência cerebral estiver acima de 20, é possível lidar com o problema por intermédio de nutrição e mudanças no estilo de vida. Se a pontuação ficar entre 40 e 60, é preciso usar hormônios. No caso de níveis maiores de 60, são necessários medicamentos para que a idade cerebral volte à normalidade.

Medicamentos que aumentam a lubrificação do cérebro

A obesidade pode ser tratada pela manipulação da química cerebral, o que altera o apetite. Consulte um médico sobre esses medicamentos e os efeitos que podem causar. Há muitos remédios indicados para deficiência de dopamina que causam impacto em todo o sistema energético do corpo. Cada indivíduo responde com maior ou menor intensidade ao mesmo medicamento. Se após um mês de uso o tratamento não estiver funcionando, converse com seu médico sobre a possibilidade de mudar o remédio.

Os hormônios ajudam a decifrar o código da obesidade

À medida que envelhecemos, torna-se mais difícil emagrecer. Isso ocorre porque perdemos potência cerebral, que controla a produção de hormônios. Estes, por sua vez, desempenham um papel fundamental no controle de peso. Um hormônio importante é a insulina, que ajuda o corpo a transformar alimentos em combustível. Ela é produzida no pâncreas junto com glucagon e somatostatina, outros dois hormônios que auxiliam a digestão e fornecem apoio ao metabolismo. A incretina é uma forma bioidêntica de estimulação de glucagon para o pâncreas e diminuição de açúcar no sangue. O hormônio do crescimento ou o fator de crescimento semelhante à insulina 1 cumprirão o papel da somatostatina. Ambos os hormônios têm grande efeito sobre a perda de peso (de cinco a oito quilos por ano), além de melhorar o metabolismo, reduzir o apetite, aumentar a massa muscular e regular a quantidade de açúcar no sangue.

A escolha certa de hormônio para emagrecer

A redução dos níveis dos hormônios sexuais estrogênio, progesterona e testosterona contribui para o aumento de peso, portanto sua elevação é capaz de reverter essa tendência. O cortisol é o principal hormônio de estresse do corpo. Acredita-se que o estresse crônico origine níveis mais elevados de cortisol, em relação à média, o que pode provocar aumento de apetite. A redução dos níveis desse hormônio talvez seja a chave para tratar esse desequilíbrio. Para reduzir o cortisol, é necessário recorrer a um suplemento de DHEA, que é o cortisol natural do corpo; sua função é evitar que o metabolismo diminua. Acentuar a produção de hormônio do crescimento também pode auxiliar na batalha contra o acúmulo de gordura, particularmente na barriga.

Os hormônios ajudam a controlar o vício

A perda de potência cerebral e o conseqüente vício por comida é um código de obesidade; o cérebro envia sinais para que a pessoa escolha alimentos ruins a fim de suprir suas necessidades energéticas. Paralelamente, o metabolismo diminui, ou seja, o alimento excedente é processado a uma taxa menor, levando a ganho de peso e cansaço. No decorrer do tempo, é possível que a pessoa busque formas alternativas de obter energia, substituindo a comida por outros vícios — cigarros, drogas recreativas (como cocaína ou metanfetamina cristal) ou medicamentos.

Tratamentos naturais que vencem a batalha contra a gordura

Embora a elevação dos níveis de dopamina seja algo fundamental, diversos suplementos são capazes de reduzir a gordura total do corpo e deixá-lo magro quando combinados com dieta e exercícios adequados.

- O **ácido linoleico conjugado (CLA)** facilita o emagrecimento e reduz o depósito de células adiposas adicionais na gordura corporal existente.
- Estudos preliminares sugerem que a **garcinia cambogia (HCA)** é capaz de reduzir a conversão de carboidratos em gordura armazenada, pois inibe alguns processos enzimáticos, além de suprimir o apetite e induzir o emagrecimento.

- O precursor do neurotransmissor serotonina, o **5-hidroxitriptofano (5-HTP)**, mostrou-se capaz de reduzir o apetite e promover a perda de peso.
- A **fenilalanina**, um precursor da adrenalina, reduz a obesidade ao estimular o tecido adiposo marrom a "queimar" o tecido adiposo comum. Ela também ajuda a liberar colecistocinina (CCK), hormônio que aumenta a sensação de saciedade.
- O **7-KETO** é um hormônio bioidêntico relacionado à dehidroepiandrosterona (DHEA) e pode também promover o emagrecimento.
- Os **ácidos graxos essenciais**, como o ácido gama-linolênico (GLA), facilitam a perda de peso.
- Os **óleos de peixe** favorecem a perda de gordura, elevam o nível de serotonina e reduzem o apetite.
- A **vitamina D** e o magnésio controlam a síndrome metabólica e ajudam no emagrecimento.
- O aumento do metabolismo de **cálcio** resulta em melhor metabolismo de gordura e contribui para acelerar a perda de peso.

Acentue sua potência cerebral com suplementos naturais que criam energia interna.

Tratamento natural	**Efeitos primários**	**Dose diária sugerida**
Tirosina	Regula o humor	2 gramas
Fenilalanina	Ajuda a aliviar o cansaço e as dores	500-2.000 miligramas
L-dopa	Para o tratamento do mal de Parkinson	100-500 miligramas
Rhodiola rosea	Erva que combate a depressão e o cansaço	75-375 miligramas

Tiamina	Vitamina B que ajuda o corpo a converter carboidratos em glicose e a controlar vícios	50-500 miligramas
Cromo	Combate o cansaço	500-1.000 microgramas
Ácido fólico	Acentua a transmissão de dopamina	1-2 gramas
Ginkgo biloba	Melhora a circulação e o uso de glicose, o que aumenta o nível de dopamina	Sem recomendação diária
Ioimbina	Acentua o impulso sexual	5,4 miligramas
Metionina	Acentua a produção de dopamina e adrenalina	60 miligramas
Guaraná	Funciona como a cafeína: ajuda a combater o cansaço e eleva o ATP	100-500 miligramas

Compulsão por cafeína?

O café ajuda a suprir a necessidade de energia que as pessoas com nível baixo de dopamina têm, especialmente quando estão cansadas. Ele também é benéfico para o pâncreas em envelhecimento e reduz bastante o risco de diabetes. Mas, como tudo na vida, só é bom se usado com moderação. Beba no máximo de duas a quatro xícaras por dia (300 ml, no total).

Chás, refrigerantes e chocolate são igualmente perigosos. Verifique com seu médico qual é seu consumo ideal de cafeína, principalmente se você tiver problemas específicos de saúde. Também é importante saber a taxa de água ingerida em relação à cafeína: esta é um estimulante tão poderoso que queima a reserva corporal de água. É preciso beber muita água para evitar a desidratação.

A Dieta do Arco-íris rompe o código de envelhecimento e de obesidade

Sendo um plano de alimentação completo, com pouco sódio e muitas fibras, bastante proteína e pouca gordura, além de frutas e legumes coloridos, a Dieta do Arco-íris rompe o código de obesidade. A alimentação rica em nutrientes, e não em calorias, é a chave para manter a perda de peso e o equilíbrio químico do cérebro.

O consumo de alimentos Arco-íris ajuda a dominar os impulsos. Comer uma salada verde, tomar um suco de vegetais ou uma sopa de legumes cerca de 20 minutos antes do almoço ou do jantar pode auxiliá-lo a reduzir a ingestão calórica em até 30%. Essas gostosuras saciam tanto que não será necessário comer muito mais.

Fibras Arco-íris: toda a verdade sobre os grãos integrais

As fibras são uma ferramenta importante para a perda de peso. Elas atuam como uma escova de limpeza na digestão, lustrando o sistema digestivo até que brilhe. Limpam o cólon, regulam o nível de açúcar no sangue, sugam gordura das artérias, elevam o nível de colesterol "bom" e desintoxicam o corpo. Além disso, são volumosas e, portanto, fazem você comer menos. Alimentos ricos em fibras, como aveia, arroz integral e brócolis, também absorvem o excesso de componentes do estrogênio produzidos durante a menstruação. As fibras ajudam ainda a suprimir o apetite exagerado que caracteriza o período pré-menstrual. A dose diária recomendada é de 40 a 45 gramas.

Tempere seu cérebro

Ervas e condimentos são facilmente digeridos e, por serem ricos em nutrientes, podem incrementar o metabolismo, elevando o nível de dopamina. O metabolismo mais rápido ajuda a queimar calorias de forma mais eficiente, promovendo a perda de peso. Use temperos de todas as partes do mundo: canela, manjericão, coentro, açafrão. Quanto mais quente, melhor, a não ser que você sofra de refluxo.

As seguintes ervas, condimentos e alimentos saborosos são decifradores de código que combatem a obesidade:

Linhaça
Alho
Chá verde
Semente de mostarda
Cebola
Estévia
Milefólio

Superalimentos supressores de apetite e produtores de leptina

Coma uma porção completa de um desses alimentos para incrementar a produção de leptina. O brócolis é certamente o melhor alimento para elevar a dopamina:

Maçã
Brócolis
Cenoura
Clara de ovo
Salmão
Suco de romã
Espinafre
Amêndoas sem sal

Refeições da Dieta do Arco-íris para aumentar a energia

Um plano de refeições para aumentar a energia precisa ter bastante proteína para que você se sinta satisfeito e não coma carboidratos compulsivamente. Alimentos ricos em cálcio e vitamina D também são eficazes no combate à obesidade. Os cardápios a seguir apresentam várias opções para aumentar a energia.

Opções para o café-da-manhã

- 2 ovos cozidos com espinafre e alho
- Omelete com peru assado e rabanetes frescos
- Sardinhas com alfaces variadas
- ½ xícara de iogurte com frutas silvestres, amêndoas e nozes

Opções para o almoço

- 100-170 g de sardinha com salada de legumes multicoloridos temperada com 1-2 colheres de sopa de azeite e vinagre balsâmico
- Sanduíche de atum no pão integral com alface, tomate e cebola

- Salmão assado com salada colorida, azeite e vinagre e alguns biscoitos de trigo integral

Opções para o jantar

- 1 xícara de carne de carneiro assada com ½ xícara de arroz integral, aspargos grelhados, cenouras e cebola
- Salada de beterraba e maçã com 50 g de queijo de cabra e vinagre balsâmico
- 100-170 g de peito de frango grelhado, ervilhas ao vapor com feijão-vermelho e milho
- 100-170 g de carne magra ou vitela com feijão-verde ao vapor, amêndoas assadas e amoras

Opções para o lanche ou a sobremesa

- 50 g de queijo *cottage* e uvas
- Cenouras cruas
- Maçã verde com 2 colheres de chá de amêndoas
- Biscoitos de trigo integral com creme de abacate

A gordura corporal faz diferença!

O número de quilos na balança é importante, mas para permanecer saudável também é preciso saber a porcentagem total de gordura corporal. A porcentagem normal nos homens é de 8% a 18%, ao passo que nas mulheres é de 16% a 25%.

A gordura corporal pode ser medida com um adipômetro, instrumento que cabe em uma gaveta. Outro método é conhecido como DEXA, uma espécie ultra-sensível de raios X. Pergunte a seu médico onde é possível realizar esse exame.

Esqueça as refeições leves e freqüentes

É preciso aprender a economizar no consumo calórico. Estudos mostraram que cortar calorias em até 40% ajuda a prolongar a vida. Outra chave para o sucesso é comer bastante no café-da-manhã e no jantar, ingerindo pouca coisa entre essas duas refeições. Essa estratégia é um balde de água fria para os gurus da dieta que pregam o consumo de refeições freqüentes e leves ao longo do dia a fim de driblar a fome. As pesquisas hoje mostram que comer várias pequenas refeições diárias não é necessariamente melhor do que consumir refeições maiores e menos freqüentes.

Beba água

Boa porcentagem da composição do seu corpo é de água. É preciso sempre supri-lo com mais para mantê-lo saudável e jovem. A água limpa o sistema digestivo, empurrando as partículas de comida mais rapidamente e levando ao emagrecimento. Além disso, se você estiver ocupado bebendo seus oito copos de água diários, não terá vontade de ingerir bebidas mais calóricas, como refrigerantes ou sucos.

As dietas não curam tudo

Apesar de uma dieta saudável ser importante, ela sozinha talvez não seja capaz de reduzir o risco de algumas enfermidades como câncer e doenças cardíacas. De acordo com um estudo recente, a diminuição do consumo de gordura por mulheres após a menopausa oferece pouca ou nenhuma proteção contra câncer de mama e outras doenças. A pesquisa mostra que não há diferenças significativas nas taxas de câncer colorretal, doenças cardíacas ou derrame entre o grupo de mulheres que seguiu uma dieta com pouca gordura e o outro que não seguiu. Algumas informações desse estudo sugerem que mulheres com histórico de dieta "não saudável" que passaram a ter uma dieta "mais saudável" com pouca gordura se beneficiaram mais. Esse grupo pode ter sido mais protegido contra tumores de mama do que as mulheres que continuaram adotando uma dieta pouco saudável. O envelhecimento é uma das causas do câncer, portanto uma dieta com pouca gordura sempre é útil.

Acetilcolina: a chave para ser mais dinâmico

Mona tinha 82 anos quando veio se consultar. Ela estava em uma cadeira de rodas, babando, era incapaz de falar e não fazia idéia de quem era ou quem a acompanhava, apesar de a acompanhante ser sua filha. Mesmo sem completar o questionário do AgePrint, sabia que a velocidade do seu cérebro estava reduzida e que sua idade cerebral estava acima dos 100 anos. A acetilcolina é o principal mensageiro químico responsável pela juventude e pela velocidade do cérebro.

A princípio achei que seria uma tarefa quase impossível tratar da demência de Mona. Todavia, estava decidido a proporcionar-lhe algumas melhorias. Prescrevi um programa completo para a reversão da demência composto por vários hormônios naturais. Em seu plano de tratamento, os nutrientes tinham um papel igualmente importante e incluíam colina, huperzina A, deanol, acetilcolina (GPC), manganês, ácido linoléico conjugado (CLA) e ginkgo biloba. Também usei um medicamento prescrito para tratar os sintomas da demência a fim de complementar esses tratamentos naturais.

Em dois meses e com alterações muito pequenas no programa prescrito, Mona começou a falar e a se comunicar com a família. Suas primeiras palavras para mim foram de agradecimento. Fiquei estarrecido, nunca testemunhara uma recuperação tão notável em um estado tão avançado de demência.

Com a continuação do tratamento, seu AgePrint diminuiu de 100 para 90 anos, e, apesar de não considerar esse caso uma reversão completa da demência, fiquei muito satisfeito em observar uma reversão parcial. No decorrer do tempo, Mona passou a compartilhar seus pensamentos e lembranças com os filhos.

Decifrando o código de envelhecimento: não perca o bonde da memória

A perda de cognição cerebral está diretamente relacionada à perda do neurotransmissor acetilcolina, que regula a capacidade de processar estímulos sensoriais e acessar informações armazenadas; em essência, envolve a capacidade de lembrar. A deficiência de acetilcolina pode se dar de duas maneiras: ou pela produção insuficiente desse poderoso neurotransmissor, o que faz com que o corpo e o cérebro comecem a ressecar, ou devido a um aumento tão grande da velocidade do cérebro que ele literalmente queima todo o estoque.

A deficiência de acetilcolina causa uma série de sintomas:

Alterações cognitivas: esquecimento de acontecimentos recentes, dificuldade de compreensão da linguagem oral ou escrita, dificuldade para encontrar palavras ao falar, esquecimento de fatos comuns, desorientação, dificuldade de atenção, impulsividade, inconsistência.

Sintomas psiquiátricos: retração, apatia, depressão, ansiedade, medo, paranóia, alucinações.

Alterações de personalidade: agitação, desinteresse, retração social, flerte excessivo ou inadequado, facilidade para frustrar-se, episódios explosivos.

Comportamentos problemáticos: tendência a vagar, tendência a fazer barulho, inquietude, quedas da cama à noite, insônia.

Alterações no cotidiano: dificuldade para dirigir, propensão a se perder, negligência nos cuidados pessoais, negligência nos cuidados domésticos, dificuldade para lidar com dinheiro, propensão a cometer erros simples no trabalho, dificuldades ao fazer compras.

Você está realmente "perdendo a cabeça"?

Se você ou alguém que conhece apresenta esses sintomas, procure um médico para fazer uma avaliação de condição mental. O declínio cognitivo é uma doença e, assim como qualquer outro processo degenerativo, quanto mais cedo for detectado, mais eficazmente poderá ser revertido.

A perda de cognição é um dos principais aceleradores do envelhecimento

A perda de acetilcolina pode ser ainda mais devastadora do que a perda de dopamina. A perda de velocidade cerebral é um dos aceleradores de idade mais agressivos, que rapidamente leva ao declínio cognitivo, à demência e muitas vezes ao mal de Alzheimer. Pesquisas no mundo inteiro com idosos documentam a ocorrência de 15% a 25% de transtornos mentais graves diretamente relacionados ao declínio cognitivo e à perda de acetilcolina. O mal de Alzheimer e outras demências afetarão cerca de 10% da população acima de 65 anos e até 40% dos indivíduos com mais de 85 anos. Esses números mostram que você ou alguém de quem toma conta sofrerá de demência.

O corpo fica ressecado à medida que a velocidade cerebral diminui

Quando a mente começa a deteriorar-se, o resto da saúde também é danificado. Nesse caso, o cérebro, privado de acetilcolina, envia um código de morte aos órgãos e às glândulas produtoras de hormônios avisando que está perdendo ou já perdeu esse neurotransmissor vital. Essa perda afeta diretamente as outras pausas.

- Osteopausa: artrite, atrofia de músculos e ossos (osteoporose).
- Menopausa: redução da atividade sexual devido ao ressecamento vaginal.
- Andropausa: disfunção erétil.
- Vasculopausa: diabetes e doenças oculares.
- Cardiopausa: colesterol elevado.
- Somatopausa: esclerose múltipla relacionada à perda de hormônio do crescimento, o que também afeta a memória, a agilidade neuromuscular e a força.

Escolha a longevidade mudando o estilo de vida

O cérebro naturalmente produz menos acetilcolina à medida que envelhecemos. Algumas pessoas nascem com cérebro mais velho: sempre tiveram velocidade cerebral menor e correm muito mais risco de desenvolver demência antes do habitual. Inconscientemente, também atrapalhamos a velocidade do cérebro com as escolhas que fazemos. Segue uma lista de situações que danificam o cérebro:

- condições ruins de trabalho;
- alcoolismo;
- depressão;
- uso de drogas/vícios;
- falta de atividade intelectual;
- falta de sono;
- falta de atividades sociais;
- nicotina;
- dieta ruim;
- aposentadoria;
- sedentarismo;
- exposição a toxinas ou a mofo.

Os nervos são envoltos por um isolante chamado mielina, composto por uma espécie de colina (acetilcolina). À medida que a doença se instala, essa camada isolante racha e o cérebro "frita", especialmente ao envelhecermos. Nós desidratamos e não temos como apagar o incêndio.

O programa Você Mais Jovem evita os sete estágios do declínio cognitivo

Há sete estágios de declínio cognitivo, muitas vezes originados pela deficiência de acetilcolina, antes de se atingir a demência total ou mal de Alzheimer.

Estágio 1: perda de velocidade de processamento cerebral

Toda idéia que você expressa ou julgamento que faz deve levar de 0,3 a 1 segundo. Com a falta de acetilcolina, a maioria das pessoas começa a perder cerca de 10 milissegundos (ms) de velocidade de processamento cerebral por década, a partir dos 20 anos de idade.

Se você achar que já está perdendo velocidade cerebral, precisa agir imediatamente para descobrir a velocidade do seu pensamento. A velocidade cerebral deve ser de 300 milissegundos mais a sua idade, se você gozar de boa saúde. Portanto, a velocidade ideal de uma pessoa de 20 anos é 320 milissegundos. Isso mudará não apenas com a idade, mas também quando houver disfunções ou anormalidades como perda de memória, depressão ou outras doenças psiquiátricas, inclusive transtornos de pensamento.

Estágio 2: lapsos de memória e esquecimento

Os lapsos de memória não são uma conseqüência inevitável do envelhecimento; muitas vezes, são resultado da perda de acetilcolina. Tais lapsos indicam deficiências químicas no cérebro e *podem* ser revertidos. Se você tiver algum problema de memória, não o ignore.

Estágio 3: perda de atenção

Os cientistas acreditam que os problemas de atenção em geral estão associados a crianças, mas eles não apenas continuam a ser encontrados em adultos que sofriam do problema quando crianças como também podem se revelar com o envelhecimento. Um exame por computador prevê déficits de atenção, além da segurança ao volante e da probabilidade de acidentes. Se você tem andado esquecido, pulando de atividade em atividade, tem a sensação de estar particularmente propenso a sofrer acidentes, não consegue pensar com clareza, sente-se abruptamente hiperativo ou apático ou tem tido dificuldades para lidar com os familiares, amigos ou colegas, o problema pode estar na sua atenção e nos seus níveis de acetilcolina.

Estágio 4: alterações de personalidade e de temperamento

Não deve ser surpresa que a personalidade e o temperamento também sejam regulados pelos níveis dos quatro principais neurotransmissores: dopamina, acetilcolina, GABA e serotonina. Dependendo do nível que você apresenta de cada uma dessas substâncias químicas, poderá ser mais introvertido ou extrovertido; mais intuitivo ou prático; poderá tomar decisões de forma lógica ou apressada ou ser organizado ou espontâneo. Sua composição química cerebral única dita algumas facetas de sua personalidade, por isso nenhum desses traços é melhor que outro.

Entretanto, se você sempre se considerou possuidor de um determinado tipo de personalidade e percebe estar pensando ou sentindo como se houvesse mudado, talvez esteja perdendo velocidade cerebral. A alteração drástica de personalidade pode ser um estágio inicial de demência e provavelmente é resultado de níveis baixos de acetilcolina. Esses desequilíbrios de personalidade também podem ser corrigidos, sobretudo se forem diagnosticados precocemente.

Estágio 5: não sou tão inteligente quanto costumava ser

Seu QI não indica somente sua inteligência, ele quantifica aspectos diferentes de como você funciona no mundo cotidiano. Há quatro categorias principais de inteligência. Todas começam na idade escolar (3 a 10 anos), mas têm seu pico, amadurecem e declinam de maneiras diferentes no decorrer da vida. É bastante comum que você seja altamente desenvolvido em uma área e deficiente em outra. Um declínio perceptível em qualquer das quatro áreas de inteligência seria considerado um "declínio cognitivo" e é um índice definitivo de perda de velocidade cerebral.

- **QI abstrato ou tradicional (voltagem/dopamina)**: o QI abstrato é definido pela capacidade de dominar matérias escolares, como aritmética, ortografia, leitura e redação. Alguém que se sai bem nessas áreas pode ser o típico gênio, mas essa pessoa pode ser totalmente atrapalhada em outras áreas.

- **QI criativo (velocidade/acetilcolina)**: para mim, esta é a descrição do processo criativo: ser capaz de pensar fora dos padrões, de incorporar as idéias dos outros e de mudar sua própria visão de mundo. Indivíduos com QI criativo elevado geralmente apresentam muita empatia.

- **QI emocional (simetria/GABA)**: divulgado inicialmente pelo escritor Daniel Goleman, o QI emocional pode ser resumido com as palavras do psicólogo Robert Steinberg: é a capacidade de autogerenciamento. Aqui está incluída a capacidade de ser sensível aos outros e manter relacionamentos de longo prazo.

- **QI de senso comum ou perceptivo (sincronia/serotonina)**: o filósofo George Santayana descreveu o senso comum como "a agilidade de perceber as coisas como elas são".

Estágio 6: danos brandos ao pensamento, sem demência

Os danos cognitivos brandos começam geralmente após os 30 anos de idade e são um estágio de transição entre as alterações cognitivas do envelhecimento normal e os problemas mais graves associados ao mal de Alzheimer. Talvez você note que se esquece mais das coisas, coloca os objetos no lugar errado ou repete ações que não se lembrava de já ter realizado. Porém, as habilidades de raciocínio e a capacidade de realizar atividades diárias ainda estão intactas nesse estágio — portanto, é possível que a perda de velocidade cerebral passe despercebida. Se perceber algum sintoma, esse é o momento crítico para uma avaliação com um médico.

Estágio 7: demência — a maior aceleradora de idade ligada à acetilcolina

A demência é uma doença em que a perda de memória e de cognição se torna severa o suficiente para atrapalhar as funções sociais e ocupacionais. A demência já instalada afeta mais de 4 milhões de pessoas com mais de 65 anos e de 40% a 75% daquelas acima de 85 anos. Essa doença pode começar em qualquer idade, mas em geral atinge os idosos. É possível quebrar o código do mal de Alzheimer com medicamentos modernos e nutrição, contanto que o tratamento seja iniciado no estágio mais precoce possível.

A demência não afeta apenas a capacidade de se lembrar das coisas, mas também o julgamento, o pensamento abstrato, a personalidade e o humor, além de anuviar a orientação no espaço e no tempo. A lista a seguir apresenta uma série de situações para que você perceba claramente a diferença entre o envelhecimento normal e os estágios 6 e 7 da demência:

Código de demência	Estágio 2: esquecimento	Estágio 6: danos cognitivos brandos	**Estágio 7: danos cognitivos graves**
Danos da memória de curto e longo prazo	O que foi mesmo que vim fazer na cozinha?	Como é que eu faço o bolo preferido da minha família?	Queimei minha mão porque esqueci de usar luvas térmicas na hora de tirar o bolo do forno.

Problemas de linguagem (afasia)	Qual é a palavra que quero usar?	Eu uso aquela coisa na boca (em vez de dizer "escova de dentes").	Qual é o nome daquele animal peludo que late?
Problemas de habilidade motora, apesar de a capacidade física estar intacta (apraxia)	Sempre deixo minhas chaves caírem no chão.	Não consigo colocar a chave na fechadura.	Não lembro como abrir a porta da frente de casa.
Danos na capacidade de julgamento	Não lembro por que comprei um processador de alimentos novo.	Por que estou usando quatro camadas de roupa se está calor lá fora?	Não lembro quem será meu herdeiro.
Danos no pensamento abstrato	Tenho de controlar melhor as coisas, administrar essa conta é difícil demais.	Administrar minha conta leva duas vezes mais tempo do que antigamente.	Como é que faço para usar esses números?
Falha em reconhecer ou identificar objetos familiares, apesar de a função sensorial estar intacta (agnosia)	Não sei onde coloquei as chaves do carro novamente.	Sempre fico vagando por estacionamentos porque não consigo lembrar onde estacionei o carro.	Por que minhas chaves estão no regador?
Alterações de personalidade	Não sou tão extrovertido quanto antes.	Minha esposa não consegue lidar com minhas alterações de humor.	As pessoas estão me perseguindo.

Decodificando o mal de Alzheimer — a formação primária da demência

Você notou alterações como estas em alguém que conhece?

- Esquece as coisas com mais freqüência.
- Tem dificuldade para fazer coisas com as quais está familiarizado.
- Coloca coisas em lugares estranhos.
- Esquece palavras comuns ou usa palavras erradas.
- Tem problemas freqüentes com tarefas complicadas.
- Apresentou uma mudança significativa de personalidade (está confuso, medroso ou suspeitando de tudo).
- Sente-se confuso sobre onde está ou que horas são.
- Perdeu o interesse em fazer as coisas (ou perde o interesse rapidamente, caso não seja incentivado).
- Sofre de alterações súbitas de humor ou comportamento.
- Faz coisas aparentemente sem sentido.

Aumente a velocidade do seu cérebro

A forma mais eficiente de decifrar o código da acetilcolina é aumentar o nível desse neurotransmissor e melhorar a cognição cerebral. A abordagem multimodal, que inclui medicamentos, hormônios, nutrientes, suplementos e sugestões alimentares específicas, é capaz de aumentar o poder do cérebro.

Há uma série de métodos para melhorar a cognição cerebral, seja via medicamentos, hormônios bioidênticos, nutrientes, suplementos ou dieta. A escolha pode ser orientada pela sua deficiência. Se seu código de idade para acetilcolina está entre 20 e 40 anos acima de sua idade cronológica, você pode começar com alterações de dieta e suplementação nutricional. Se sua pontuação foi 40 a 60 anos acima de sua idade cronológica, uma idéia é acrescentar hormônios bioidênticos e talvez medicamentos. Se seu código foi 60 a 80 anos maior do que sua idade cronológica, será preciso uma combinação de todos esses tratamentos em doses mais elevadas.

Sua pressão sanguínea pode não melhorar, mas seu cérebro sim

Durante seis anos, cientistas observaram um grupo de 3.300 pessoas acima dos 65 anos de idade que tomavam vários remédios para reduzir a pressão arterial. Eles descobriram que, ao tomar qualquer medicamento para pressão, os participantes do estudo reduziam os riscos de desenvolver o mal de Alzheimer em 36%. Esses resultados foram atingidos independentemente de o medicamento causar ou não algum efeito sobre a pressão. Se você estiver lutando contra a pressão alta, talvez não possa comer tanto bolo quanto antes, mas pelo menos se lembrará de que cor era o glacê.

Hormônios naturais para melhorar a cognição cerebral

A suplementação hormonal é receitada por médicos como tratamento preventivo contra o desenvolvimento da demência, independentemente do fato de esses hormônios parecerem ou não surtir efeito. Se seu AgePrint geral revelar que você está com deficiência de algum desses hormônios, proteger-se da perda de memória e da demência é mais uma razão para aumentar o nível de acetilcolina. Por exemplo, um estudo recente da Columbia University com mulheres na menopausa mostrou que a elevação dos níveis de estrogênio pode adiar a instalação do mal de Alzheimer em até 20 anos.

Depleção é igual a demência. Portanto, discuta com seu médico a possibilidade de tomar os seguintes hormônios elevadores de acetilcolina: HGH, vasopressina, DHEA, calcitonina e paratiróide.

Dieta do Arco-íris para a memória

Quando o cérebro envia o sinal de que está ressecando, começa a compulsão por alimentos gordurosos, pois eles são capazes de oferecer um reforço instantâneo de colina. Mas todos nós sabemos o que acontece quando comemos gordura demais. Por isso, é imprescindível suprir suas necessidades escolhendo gorduras boas, e não ruins. Sempre que possível, substitua os seguintes alimentos com alto teor de gordura por outros gordurosos e rompa o código da gordura, aumentando a velocidade do seu cérebro.

Alimento com alto teor de gordura	**Opção com baixo teor de gordura**
Leite integral ou condensado	Leite desnatado, soro do leite, leite em pó desnatado
Mortadela, salsicha	Carne magra de frango ou peru em fatias finas
Abacate	Pepino, abobrinha, alface
Queijos cremosos ou gordurosos	Queijos com pouca gordura, queijo cottage
Sorvete	Sorvete *light*, *frozen yogurt light*
Sundae com calda de chocolate	Sorvete *light* ou *frozen yogurt* com frutas picadas
Carne moída ou gordurosa	Carnes magras (com toda a gordura aparente retirada)
Coalhada, creme de leite azedo	Iogurte desnatado, coalhada de leite desnatado
Molhos de salada normais	Molhos de salada *light*, vinagre, limão
Creme de leite	Leite desnatado
Ovos fritos	Ovos cozidos ou assados
Carnes gordurosas	Peixes

Ervas e condimentos que melhoram a cognição cerebral

A erva-cidreira, usada em chás, foi recentemente estudada como um possível tratamento para a doença de Alzheimer. Trata-se de um antioxidante que estimula os receptores de acetilcolina, e funciona como sedativo brando.

O açafrão, que chamo de tempero da vida, é um grande tempero relacionado à acetilcolina. Ele e o cominho provaram ajudar na desobstrução de amilóide, uma substância que bloqueia a circulação cerebral em quadros de Alzheimer ou outras doenças. Sem o amilóide, o pensamento é muito mais claro. Outras ervas e temperos que melhoram a velocidade cerebral são: manjericão, pimenta-do-reino preta, alecrim, sálvia, açafrão, hortelã.

Aumente a velocidade do cérebro com as seguintes sugestões de cardápio:

Opções para o café-da-manhã

- 1 xícara de iogurte desnatado com morangos, ½ xícara de granola e 1 colher de chá de canela
- Dois ovos cozidos cobertos com 1 colher de chá de azeite de oliva e vinagre balsâmico misturado com cominho, pimenta com alho e manjericão

Opções para o almoço

- Salada de folhas verdes com 50 g de queijo parmesão (sem *croûtons*) e 100 g de salmão grelhado
- Caldo de galinha com uma fatia de pão integral
- Salada de tofu e vegetais coloridos com azeite e vinagre
- Sanduíche de salmão grelhado com requeijão *light*, alface, tomate e cebola no pão integral

Opções para o jantar

- Refogado de couve-flor e cenoura servido com ½ xícara de arroz integral
- Mistura de legumes grelhados com fava, cuscuz e duas fatias de carne magra ou vitela
- 100 g de frango grelhado com salada de repolho, uvas-passas e brócolis

Opções para sobremesa e lanche

- ¼ de xícara de soja torrada
- 1 ovo cozido com cenouras
- 230 ml de suco de uva com ½ xícara de sorvete de uva
- 230 ml de café com leite desnatado polvilhado com canela

Afiando o cérebro

A melhor aplicação da frase "Use o que você tem para não perdê-lo" é no tocante à cognição. Assim como são necessários exercícios para manter o corpo em forma, o cérebro também precisa de exercícios. Afiá-lo pode ser muito simples: basta ler um livro, escrever, fazer palavras cruzadas, interagir com outras pessoas, freqüentar palestras, ouvir sermões, jogar videogame ou praticar outros hobbies que estimulem o raciocínio. Um estudo publicado no *New England Journal of Medicine* concluiu que, entre as atividades de lazer, as melhores para manter o cérebro jovem e saudável são ler, jogar jogos de tabuleiro, tocar instrumentos musicais e dançar.

Exercite o corpo e o cérebro

O exercício físico também pode ajudar a prevenir a perda de memória. Os exercícios e a agudeza cerebral estão relacionados; ao exercitar o corpo você exercita também o cérebro. Mesmo exercícios moderados, como caminhadas rápidas durante 30 minutos, aumentam a circulação do cérebro e mantêm os neurônios eficientes. Adultos que se exercitam pelo menos três vezes por semana têm 30% a 40% menos probabilidades de desenvolver demência do que os que não se exercitam. Por esse motivo, corra e depois faça palavras cruzadas — será como se seu cérebro estivesse levantando 100 quilos!

GABA: controlando o pêndulo ansiedade/dor para ficar mais jovem

Quando o cérebro está saudável, ele lida com vários processos de forma calma e estável. O ritmo cerebral é fundamentalmente controlado pela substância bioquímica ácido gama-aminobutírico (GABA), que causa um efeito calmante e estabilizante, mantendo o equilíbrio das outras substâncias no cérebro. Quando o ritmo cerebral não está funcionando de forma adequada, o mesmo desequilíbrio se reflete nos demais ciclos do corpo. Esse controle do ritmo cerebral é feito pelo GABA: graças a ele, funcionamos física e mentalmente com constância. Ao monitorar nosso ritmo interno, o GABA afeta diretamente a personalidade e determina como lidamos com o estresse.

Tal como um pêndulo, o cérebro pode flutuar entre altos e baixos ao produzir mais ou menos GABA. Quando há GABA em abundância, a vida adquire uma qualidade zen: a mente fica em paz e o corpo, excelente. Quando há depleção de GABA, o pêndulo vai ao outro extremo e aparecem sintomas como ansiedade e/ou dor crônica. Nesse vaivém, podemos sentir variações de humor moderadas ou graves.

O GABA acelera o envelhecimento geral

À medida que o cérebro passa por variações mais amplas e mais freqüentes do pêndulo da ansiedade, seja por causa do envelhecimento, do estresse, do uso de drogas ou álcool ou pela própria queima de GABA, o código de morte dessa substância é ativado. Além da liberação de cortisol, a perda de GABA afeta todas as pausas, inclusive a cardíaca, a imunológica, a sexual e as que envolvem ossos, músculos e pele.

- A deficiência de GABA faz com que o cérebro transmita sinais entrecortados ao coração, que podem provocar arritmias e ataques cardíacos.
- A raiva e a ansiedade, causadas pelo baixo nível de GABA, são dois dos mais fortes indutores de pressão alta.
- A falta de calma interna pode levar a problemas digestivos, incluindo refluxo, queimação, diarréia, síndrome do intestino irritável ou constipação.
- Níveis baixos de GABA causam dor nos ossos, nos músculos e nas articulações.
- O estado constante de tensão e ansiedade pode levar à perda de interesse sexual, além de disfunção sexual.

Sintomas típicos de níveis baixos de GABA: inquietude; sensação de estar prestes a explodir; cansaço; dificuldade de concentração ou "brancos"; irritabilidade; tensão muscular; aceleração dos batimentos cardíacos; falta de ar; mãos suadas e pegajosas; extremidades frias; reação exagerada a sustos; sensações de pânico; preocupação exagerada; transtorno de déficit de atenção (TDA); alterações de humor; dor de cabeça; dificuldade para dormir; sensação de estar fora do corpo; transtorno obsessivo-compulsivo (TOC).

Cortisol

O cortisol é um hormônio produzido pelas glândulas adrenais quando o corpo está sob estresse ou à medida que envelhece. Ele serve de contrapeso aos outros hormônios "bons" e aumenta as dores, a ansiedade e as alterações de humor. Os níveis cronicamente elevados de cortisol causam redução na sensibilidade à insulina e aumento de apetite, e é por isso que muitos de nós comemos mais quando estamos ansiosos ou estressados.

A liberação constante de cortisol é seguida de uma série de sintomas físicos, como aumento da acidez estomacal, dor de cabeça e palpitações cardíacas. O envelhecimento é acelerado em todo o cérebro e há redução na secreção de outros hormônios, provocando o envelhecimento dos ossos, da pele e de outros órgãos vitais. O cortisol afeta diretamente as outras pausas.

Decifre o código do estresse com hormônios bioidênticos capazes de estabilizar o ritmo

Dois estudos recentes, um com pregnenolona e outro com dehidroepiandrosterona (DHEA), mostraram que esteróides naturais ajudam a regular o humor em pacientes com ansiedade. A chave é equilibrar os hormônios produzidos em excesso com os que necessitam de suplementação. Lembre-se de escolher hormônios bioidênticos para obter melhores resultados e menos efeitos colaterais.

O código da ansiedade distorce a personalidade

A ansiedade é o principal acelerador de idade causado pelo GABA. À medida que envelhecemos e produzimos menos GABA, a potência e a velocidade cerebral são geradas em espasmos, e não em um fluxo suave e contínuo. Isso se chama arritmia e pode danificar o corpo de diversas formas; a mais pronunciada é a que afeta a personalidade e o bem-estar emocional. Mesmo os indivíduos mais calmos passam a se sentir ansiosos, nervosos ou irritadiços. É possível que comecem a se preocupar com coisas que nunca passavam pela sua cabeça ou que fiquem completamente estressados em casa ou no trabalho, quando antes lidavam mais razoavelmente com a carga diária.

A ansiedade não é só coisa da sua cabeça: ela pode gerar dor física

Quando o corpo responde às mensagens entrecortadas da oscilação de GABA no cérebro, pode ser que algumas regiões antes saudáveis passem a ficar doloridas. A dor é um fenômeno complexo e muitas vezes subjetivo. É possível que incômodos brandos passem a rondar como dores imprecisas ou câimbras. Essas dores freqüentemente atacam o elo mais fraco: se o indivíduo sempre teve um estômago sensível, a causa pode estar em um desequilíbrio de GABA, e não em um transtorno digestivo em si. Ou então a dor pode se manifestar em locais onde não existe justificativa física para ela: isso se chama transtorno de somatização.

A mesma ansiedade que nos torna tensos e nervosos pode trazer conseqüências físicas. Quando estamos tensos, inconscientemente contraímos o corpo, e, se mantivermos os ombros levantados até as orelhas durante o dia todo, acabaremos sentindo dor. A preocupação e a ansiedade atrapalham o funcionamento geral do corpo e criam doenças graves. Se você está se preocupando em vez de meditar e rezar, ou em vez de fazer sexo ou se exercitar, está enrascado. Viva a vida, trate da sua ansiedade e saiba que 90% daquilo com que nos preocupamos nunca acontece. O verdadeiro poder da oração, da meditação e do exercício reside em equilibrar o ritmo.

As alterações súbitas de humor o deixarão mais velho

O movimento pendular constante causado pelas flutuações de GABA no cérebro exige um preço da mente, do cérebro e do corpo. Essa flutuação é desafiadora em termos mentais e exaustiva fisicamente, além de desencadear danos psicológicos, incluindo até transtorno bipolar ou depressão maníaca. Antes dessa queda drástica, é preciso aprender a manter as emoções sob controle, uma tarefa extremamente difícil.

As alterações súbitas de humor podem também ser causadas pela convivência com a dor crônica ou doenças; pouquíssimas pessoas são agradáveis quando não se sentem bem. Se a dor aumenta, a irritação a acompanha. Um colega gastroenterologista certa vez brincou sobre a verdadeira razão por que os distúrbios digestivos são chamados de transtorno do intestino irritável — a pessoa fica irritadiça, assim como seu cólon. Se você conhece alguém com essa doença, sabe que isso acontece!

Traumas cranianos, infecções e problemas endócrinos podem desestabilizar as mensagens químicas cerebrais, ocasionando a queima de GABA. Isso pode levar a mudanças súbitas de humor. A boa notícia é que, quando a saúde é recuperada, a personalidade retorna a um estado mais relaxado.

Um novo significado para o termo "esgotado": cronicamente fora de ritmo

Com o tempo, o nível de GABA acabará diminuindo de forma natural, mas você pode estar inconscientemente drenando seu cérebro se vivenciar as seguintes situações:

- uso excessivo de aparelhos celulares e exposição a outros campos magnéticos;
- exposição freqüente a barulhos intensos;
- falta de sono;
- pressa constante;
- dieta pobre em nutrientes;
- sedentarismo;
- permanência em ambientes tóxicos, por trabalho ou convivência.

A alegria da criatividade e da expressão pode servir de alívio para o cérebro. O cérebro, a mente e o corpo às vezes parecem um cubo mágico: explorar suas possibilidades é reanimador.

Não é de surpreender que tantas pessoas estejam esgotadas. Nos Estados Unidos, por exemplo, os cidadãos tiram menos férias do que em qualquer outro país industrializado do mundo — e isso está literalmente matando os americanos. As pessoas que raramente descansam apresentam maior probabilidade de ficar estressadas, infelizes e doentes. Em uma pesquisa recente com 1.500 mulheres, foi perguntado havia quanto tempo não saíam de férias. Vinte por cento responderam que fazia seis anos ou mais! Portanto, saia da cidade, tire férias e acabe com o estresse.

Se não for possível se distanciar fisicamente, tente sair ao ar livre, respirar um pouco ou fazer exercícios. Lembre-se do ABC do exercício físico e se beneficiará rapidamente:

- A de ativo: pense em exercícios aeróbicos, como corrida, natação ou dança;
- B de borbulhante: sim, é preciso suar;
- C de constante: exercite-se um pouco diariamente ou em dias alternados.

O estresse nem sempre envolve perda de GABA

Quando temos de lidar com o estresse, também queimamos GABA. A aposentadoria, por exemplo, é um acelerador de idade por causa do estresse. Talvez não pareça estressante, mas a transição de uma vida de trabalho para uma vida doméstica e o "descanso" podem ser uma fonte de estresse. Outras causas clássicas de estresse:

- rompimento com namorado/namorada;
- separação ou divórcio;
- problemas familiares;
- obrigações em excesso;
- conflitos ou discussões;
- mudança de condição financeira;
- doença ou acidente grave em família;
- morte de uma pessoa querida;
- pensamentos e sentimentos negativos.

O estresse pode causar vício em drogas e álcool

Pessoas sob qualquer tipo de estresse e sem um plano de ação para lidar com ele têm maior probabilidade de abusar de drogas e álcool.

Indivíduos com alto nível de estresse apresentam duas vezes mais probabilidades de fumar, beber excessivamente e usar drogas.

Existe estresse "bom"? Sim! O estresse por curtos períodos pode revigorar a mente e o corpo — algo semelhante à sensação de fazer exercícios intensos. Os pensamentos tornam-se mais claros, a pessoa se sente bem consigo mesma e anseia por voltar à ginástica no dia seguinte. São as batalhas prolongadas contra o estresse que matam.

O segredo para ficar mais jovem é não almejar uma vida sem estresse, na qual se evitam confrontos e desafios. Em vez disso, é preciso encontrar o equilíbrio correto, de modo que as coisas sejam sempre excitantes e novas, sem comprometer a saúde mental ou física.

Acalme o cérebro e alivie a dor

Um cérebro mais jovem é um cérebro calmo. Para que você fique mais saudável, seu cérebro precisa ser mais jovem. Quando o cérebro perde GABA, não consegue mais enviar sinais de forma suave e fácil para o resto do corpo. O lado bom é que esse código de morte é fácil de quebrar: basta aumentar os níveis de GABA para que ocorra uma melhora da saúde em geral.

Há diversas formas para elevar os níveis de GABA, seja via medicamentos, hormônios bioidênticos, nutrientes, suplementos ou dieta. Sua escolha deve ser orientada pela sua deficiência: se seu AgePrint para estabilidade cerebral estiver mais de 20 anos acima de sua idade cronológica, comece com mudanças de estilo de vida e de nutrição. Se sua pontuação foi de 40 a 60 anos acima de sua idade cronológica, você precisará acrescentar hormônios bioidênticos. No caso de pontuações com diferença acima de 60 anos em relação à idade cronológica, serão necessários medicamentos para reverter a idade do cérebro a um estado mais normal. Contudo, essa abordagem não serve para todos. Algumas pessoas respondem a esquemas terapêuticos mais tradicionais, enquanto outras se adaptam melhor a outras terapias; essa decisão cabe a você e a seu médico.

Para rejuvenescer, às vezes são necessários medicamentos analgésicos

Quando um paciente consulta um médico por causa de uma dor crônica, este pode imediatamente prescrever narcóticos, como codeína. Apesar de ser uma opção razoável a curto prazo, trata-se de uma droga perigosa que causa dependência. O corpo aos poucos desenvolve tolerância ao medicamento, fazendo com que seja necessária uma dose cada vez maior para mascarar a dor.

O termo narcótico deriva de uma palavra em grego que significa "estupor", e é exatamente isso que esses medicamentos fazem com o corpo e o cérebro. Além do extremo torpor, da confusão, de problemas de atenção e memória, da náusea e da constipação, os narcóticos contra a dor causam uma série de outros problemas e podem dar início a uma das pausas.

- O uso de narcóticos pode deprimir o sistema imunológico, o que aumenta a incidência de infecções e favorece o crescimento de tumores, além de causar atrofia do baço e do timo. Tudo isso pode levar à imunopausa.
- O uso constante de narcóticos reduz a energia, podendo levar à biopausa de dopamina.
- Alguns medicamentos contra a dor podem reduzir a velocidade cerebral, conduzindo à biopausa de acetilcolina.
- Os narcóticos às vezes causam hipersensibilidade na pele, ativando a dermatopausa.

Medicamentos

Se você vive com uma dor extrema que limita suas funções cotidianas, há opções menos perigosas do que os narcóticos. Contudo, não ataque a caixa de remédios nem se automedique sem consultar o médico. É comum que a dose prescrita para um tipo de sintoma seja diferente da dose para outros sintomas. Além disso, não recorra a drogas ilícitas.

Converse com seu médico sobre as seguintes alternativas:

- anti-histamínicos: esses sedativos leves podem ser úteis para acalmar a ansiedade esporádica. Alguns anti-histamínicos comuns podem ser comprados sem receita médica;
- betabloqueadores: esses medicamentos para o coração compensam o efeito da adrenalina e aliviam alguns sintomas da ansiedade, como tremores, palpitações e sudorese;
- antidepressivos: antidepressivos SSRIs e tricíclicos, principalmente, têm efeito analgésico e mostraram resultados promissores no tratamento da dor crônica. Eles funcionam porque a dor crônica causa depressão e a depressão causa dor.

O alívio da dor

Classicamente, os antidepressivos eram usados para aliviar a dor intensa, e os anticonvulsivos, para a dor em pontadas. Mais recentemente, os médicos vêm usando antidepressivos para ambos os tipos de dor por causa da melhor resposta e do menor número de efeitos colaterais. O mais interessante é que o alívio da dor com os antidepressivos ocorre, em geral, em até uma semana.

A seguir, algumas opções naturais para o alívio da dor: inositol; cavacava; vitamina B3; aminoácidos de cadeia ramificada; gabapentina; taurina; glicina; magnésio; tianina; triptofano; fenilalanina; erva-de-são-joão.

Dieta do Arco-íris para um cérebro mais jovem e calmo

Escolha alimentos que contenham nutrientes ativadores de GABA e sejam repletos de vitamina B. A seguir apresento alguns alimentos ricos em glutamina, o aminoácido precursor da GABA. Banana, brócolis e arroz integral são repletos de inositol, outro complexo de vitamina B que favorece a produção de GABA. Se sua idade cerebral nessa categoria for de mais de 20 anos acima de sua idade cronológica, tente incorporar ao menos dois destes alimentos ao seu cardápio todos os dias: amêndoas; banana; fígado de boi; brócolis; arroz integral; lentilhas; aveia; laranja; batata; farelo de arroz; espinafre; nozes; grãos integrais.

Idéias de cardápio para incrementar a estabilidade

Os cardápios a seguir são exemplos de alimentos que acalmam o cérebro. Fuja dos carboidratos simples, que só tranqüilizam a mente e o corpo temporariamente e causam dependência. Não coma açúcar refinado, farinha branca nem produtos com trigo; consuma muita proteína (especialmente miúdos), frutas cítricas e vegetais coloridos.

Opções para o café-da-manhã

- 1 xícara de granola integral com banana, cubos de melão, laranja e amêndoas
- Chá de framboesa
- 1 xícara de frutas com iogurte e 1 fatia de pão integral
- 220 g de vitamina feita com frutas silvestres e iogurte
- 220 ml de leite de soja ou 250 g de arroz com ½ xícara de farelo de cereal

Opções para o almoço

- 100 g de fígado grelhado e salada colorida com azeite de oliva e vinagre
- Salada de folhas verdes e frutas cítricas
- 1 xícara de sopa de lentilha com 1 fatia de torrada de centeio
- Hambúrguer de vegetais com ½ xícara de arroz
- Salada de vegetais grelhados

Opções para o jantar

- 110 a 170 g de peixe grelhado com ½ xícara de arroz integral com canela
- Salada de maçã, passas e nozes com queijo de cabra e vinagre balsâmico

- 110 g de peito de peru grelhado com cogumelos e salada de batata com cebolinha, rabanete e cenoura
- 110 g de frango assado com batata-doce e 1 xícara de salada de beterraba e cebola

Opções para a sobremesa e o lanche

- 1 xícara de salada de frutas frescas com canela
- 1 barrinha de cereais integrais
- ½ xícara de purê de banana com uma pitada de cacau em pó
- ¼ xícara de nozes e passas diversas

Estas ervas, condimentos, temperos ou alimentos interrompem combatem a ansiedade: coentro; canela; cravo; limão; capim-limão; raiz de alcaçuz; manjerona; passiflora; semente de pêssego; hortelã-pimenta; açafrão; açafrão-da-terra.

Livre-se do estresse, da ansiedade e da dor crônica

A maioria das pessoas se apressa em tomar analgésico quando sente dor aguda. Mas há alternativas com efeitos colaterais menores. Experimente algumas destas idéias antes de abrir a caixa de remédios.

- Uma boa noite de sono: as pessoas conseguem reduzir o uso de analgésicos quando dormem bem.
- Exercícios e ioga: ambos reduzem o estresse e a ansiedade, independentemente de serem praticados com vigor e suor ou lentidão e concentração.
- Meditação: acalma a mente e o corpo.
- Terapias alternativas: o poder do toque é inegável, especialmente o das mãos de massoterapeutas profissionais. Acupuntura, fisioterapia e manipulação são remédios holísticos que devem ser levados em consideração para aliviar o estresse e a dor crônica.

- Existem muitos grupos de apoio que reúnem pessoas na mesma condição para discutir problemas de saúde e participar de eventos na comunidade. Sair e socializar-se trará maravilhas para suas condições emocionais e físicas.
- Descanse de situações estressantes: atividades como ouvir música, conversar com amigos, desenhar, escrever ou brincar com um animal de estimação reduzem o estresse.
- Fique longe da cafeína: café, chás cafeinados, refrigerantes à base de cola e chocolate. As propriedades de estimulação da cafeína aumentam a sensação de ansiedade e agitação.
- Procure ser mais assertivo: aprenda, por exemplo, a expressar seus sentimentos de maneira educada e firme, porém não agressiva ou passiva. Em breve você verá que a vida é muito menos estressante quando conseguimos pedir o que realmente queremos.

Não permita que a dor crônica o envelheça

A não ser que você esteja com um membro quebrado, vértebras rompidas, problemas de disco ou ruptura de músculo, não deixe de se movimentar. Isso pode salvar sua vida. Lembre-se de que as emoções afetam a dor, e a dor afeta as emoções. Talvez você fique ansioso, irritado ou frustrado ao sentir dor ou até entre em depressão profunda. Mas essas emoções só agravam a dor. Se permanecer ativo se sentirá mais estável emocionalmente, mais flexível fisicamente e, no fim das contas, mais jovem.

6

Serotonina: felicidade e descanso quebram o código de envelhecimento

O famoso personagem Snoopy, de Charles Schultz, começou muitas frases com "a felicidade é...". Todos buscam preencher o vazio interior com algo. Pode ser poder, riqueza, paz, um bom carro, um companheiro de grande beleza, uma família amorosa ou um animal de estimação. Para mim, a felicidade é simplesmente o ponto de partida. Quando falo de felicidade, falo do estado mental que desenvolvemos com base nas expectativas que criamos — ou seja, a forma como lidamos com a vida e como escolhemos passar o tempo. Quando temos uma atitude positiva e nos sentimos satisfeitos com nosso cotidiano, alcançamos a felicidade.

Uma das verdades difíceis sobre o crescimento é que não é tão fácil assim ser feliz. Algumas pessoas nunca são felizes. Os perfeccionistas, por exemplo, jamais estão satisfeitos e sempre buscam mais. Os tipos de espírito livre vivem o momento e, portanto, logo ficam felizes, mas perdem essa sensação graças à sua falta de compromisso. Os narcisistas egocêntricos nunca se satisfazem com o que conseguem, enquanto os histriônicos ou dramáticos sentem falta de atenção constantemente. Ser feliz é passar o tempo livre de forma valiosa e significativa, ter harmonia e serenidade. A serotonina é o "tom de serenidade" e o principal estágio da felicidade. Sem ela, a calma e a estabilidade não podem ser atingidas.

A felicidade começa no cérebro

A serotonina é a chave para a felicidade do cérebro. Quando seus níveis estão elevados, ficamos com excelente humor durante o dia e temos um sono tranqüilo à noite. Mas quando estão baixos sofremos com depressão, não conseguimos dormir o suficiente e perdemos o controle da mente em relação a medos e fobias incomuns. Na maior parte do tempo, vivemos no meio-termo entre esses dois opostos.

A serotonina administra as mensagens bioquímicas enviadas pelo cérebro, além de criar a eletricidade para a visão e o descanso e controlar os impulsos. Quando o cérebro está fora de sincronia, seus hemisférios direito e esquerdo se desequilibram, e a capacidade cerebral de se recarregar fica comprometida. A perda de serotonina cria uma ausência de ligação entre a racionalidade do lado esquerdo do cérebro e a criatividade do lado direito. Quando isso acontece, é impossível pensar com clareza, e surgem manifestações como cansaço, tristeza, descontrole emocional e perturbações do sono.

A perda de serotonina faz com que o cérebro transmita um sinal para o resto do corpo dizendo que pare de funcionar de forma otimizada. Há três aceleradores de idade principais: depressão, fobias ou medo e transtornos do sono. Cada um deles ativa uma pausa diferente. Em contrapartida, a manutenção de níveis elevados de serotonina é capaz de reverter esses problemas específicos.

Fora de sincronia em ambos os hemisférios do cérebro

A serotonina mantém os dois hemisférios do cérebro, o criativo e o organizado, em equilíbrio. Se há desequilíbrio de serotonina, ficamos fora de sintonia — não importa qual seja a causa externa de nossa tristeza.

A falta de serotonina muitas vezes causa depressão e ativa a instalação de outras pausas, além de:

- acelerar a calcificação, levando à osteopausa;
- reduzir o apetite sexual, ativando a menopausa e a andropausa;

- diminuir a produção de testosterona, estimulando a andropausa;
- reduzir a produção de estrogênio e progesterona, ativando a menopausa;
- enfraquecer o sistema imunológico, conduzindo à imunopausa;
- acelerar o envelhecimento da pele e o aparecimento de rugas e linhas de expressão, ativando a dermatopausa;
- contribuir para a obesidade e a diminuição do metabolismo, levando à biopausa de dopamina;
- endurecer e bloquear as artérias e os vasos capilares, instigando o diabetes e a vasculopausa.

Depressão dupla

Muitos pacientes se sentem constantemente melancólicos e exaustos. A forma mais comum de depressão é a distimia, caracterizada por uma sensação crônica de estar "para baixo". Se você imaginou que essas pessoas apresentam baixos níveis de serotonina e dopamina, acertou. Caso sofra com esses sintomas, procure um médico imediatamente. Ele pode receitar um estimulante para tirá-lo da trincheira bioquímica e posteriormente colocá-lo de volta num esquema mais natural, que inclua alterações de dieta e estilo de vida.

A melancolia não serve para você?

Quando tanto o hemisfério direito do cérebro (criativo, emocional, extrovertido, intuitivo) quanto o esquerdo (racional, organizador, introvertido) estão desequilibrados, podem surgir formas de depressão grave. Ajustar os níveis de serotonina no corpo é realmente capaz de ajudar. Analise os sinais e sintomas relacionados a seguir para determinar se você está passando por algum tipo de depressão:

- cansaço constante;
- choro freqüente;
- diminuição do desejo sexual;

- aumento ou diminuição de atividade física;
- dificuldade de se levantar pela manhã;
- dificuldade de realizar tarefas rotineiras;
- dificuldade de concentração;
- dificuldade de atenção;
- menos relacionamentos com amigos ou entes queridos;
- ondas recorrentes de sensação de fracasso;
- tristeza inexplicável;
- insatisfação generalizada com a vida;
- desalento;
- insônia e despertar muito cedo;
- irritabilidade;
- desejo de ficar sozinho;
- falta de energia;
- falta de confiança;
- falta de motivação;
- explosões contra pessoas queridas;
- perda de apetite;
- alterações de humor;
- pesadelos;
- preferência por ficar deitado em detrimento de qualquer função social;
- medos estranhos;
- pensamentos suicidas, autodestrutivos ou de morte;
- dificuldade para tomar decisões;
- dores inexplicáveis;
- retração diante de atividades antes agradáveis.

Presa do medo e do pavor

A falta de serotonina e o medo constante são aceleradores impressionantes. Se você está sempre com medo e inconscientemente reinventa o mundo à sua volta, gera um estresse desnecessário que aumentará muito a velocidade de seu envelhecimento. Além de tudo isso, quando sente medo, você não relaxa e não dorme direito, dois sinais de problemas com serotonina. A combinação dessas deficiências o deixará física e mentalmente abalado.

O medo e a conseqüente falta de serotonina podem:

- acelerar a freqüência cardíaca: o medo pode causar um coágulo e/ou derrame, levando à cardiopausa/vasculopausa;
- criar disfunção sexual, ativando a menopausa ou a andropausa;
- desabilitar a função erétil, instigando a andropausa;
- acelerar inflamações e câncer, levando à imunopausa;
- causar danos à glândula tireóide, levando à tireopausa.

Transtorno obsessivo-compulsivo

Uma forma muito comum de fobia irracional é o transtorno obsessivo-compulsivo (TOC), que se caracteriza por comportamentos repetitivos que visam a aliviar o medo, como o ato de lavar as mãos repetidamente, ou pela criação de hábitos desnecessários, como procurar insetos antes de dormir. O TOC pode afetar gravemente a vida de uma pessoa, incapacitando-a para cuidar de si mesma. Muitas vezes há um acúmulo de comportamentos repetitivos e rotinas, a ponto de o indivíduo sentir cada vez mais dificuldade de sair de casa. Esses pacientes também entendem que sua compulsão não tem lógica, envergonham-se do seu comportamento e querem mudar. Alguns exemplos de TOC:

- medo de micróbios, substâncias pegajosas ou sujeira;
- medo de se machucar ou machucar outras pessoas;
- medo de fazer algo embaraçoso;
- preocupação excessiva com o que é certo ou errado.

O TOC não é um fator de envelhecimento da mente, mas é um acelerador muito eficaz. Oitenta por cento dos casos de TOC ocorrem até os 35 anos. Pesquisas mostraram que esses pacientes em geral escondem seus sintomas e adiam o tratamento em até sete anos! Em média, a doença ocorre entre 20 e 25 anos, e em menos de 5% dos pacientes ela se manifesta após os 40 anos de idade. No entanto, à medida que o TOC avança, a saúde da pessoa se desvanece rapidamente.

Serenidade = sono

A serotonina administra o sono, pois gerencia os ciclos de consciência até atingirmos o sono profundo. Enquanto dormimos, a serotonina ajuda a regenerar praticamente qualquer parte do corpo e, além disso, a mente é "reiniciada". Quando não dormimos ou "desligamos", entramos em curto.

O sono restaura a serotonina

Um sono melhor e mais tranqüilo serve de antídoto contra o medo. Quando a sincronia cerebral é restaurada, o cérebro consegue se "reiniciar". Além disso, a felicidade e a decisão de não levar a vida a sério demais são outro antídoto para o medo; quando conseguimos nos divertir, não deixamos o medo nos destruir.

A cascata de sono. Quando não dormimos profundamente, todos os medos, fobias, obsessões, compulsões e melancolias são exacerbados, resultando numa cascata, em que o corpo inteiro sai de sincronia.

A falta de sono adequado se manifesta de várias formas: ter dificuldade de pegar no sono ou acordar no meio da noite e não conseguir voltar a dormir; sofrer com terrores noturnos ou pesadelos; despertar freqüentemente para usar o banheiro ou então nem sequer conseguir dormir, revirando-se na cama e a noite toda.

Quando o sono não vem

Quando a mente e o corpo não se recuperam da perda de sono, provavelmente é uma indicação de que os níveis de serotonina estão baixos. Não dormir direito ou dormir pouco é um acelerador de idade importante que afeta todas as outras pausas, além de potencializar a depressão e os medos. A falta de sono pode:

- acelerar os processos inflamatórios, enfraquecer o sistema imunológico e muitas vezes provocar câncer e imunopausa;
- causar alterações súbitas de humor, levando à biopausa de GABA;
- contribuir para a diminuição da libido, a ejaculação precoce em homens e a falta de orgasmo, ativando a andropausa ou a menopausa;
- acelerar e favorecer o diabetes ou sua forma mais prematura, a síndrome metabólica;
- contribuir para a perda óssea, levando à osteopausa;
- causar desidratação da pele e inflamações, instigando a dermatopausa;
- contribuir para arritmias e elevação da pressão, levando à cardiopausa;
- causar redução da circulação nas mãos e nos pés, ativando a vasculopausa;
- causar problemas de memória, atenção e cognição, instigando a eletropausa;
- levar ao vício e causar a biopausa de dopamina;
- causar depressão e medos irracionais, ativando a biopausa de serotonina.

Prepare-se para ter uma boa noite de sono

- Tente ir para a cama no mesmo horário todas as noites.
- Estabeleça uma rotina noturna que não envolva televisão ou trabalho ao computador logo antes de se deitar. Ouça uma música relaxante no quarto escuro, por exemplo.
- Jante pelo menos três horas antes de se deitar.
- Durma em um quarto fresco e escuro, usado somente como quarto de dormir.
- Velas de lavanda, óleos de aromaterapia ou cremes relaxantes acalmam a mente para o sono.

- Não ingira bebidas com cafeína ou álcool e não fume antes de dormir.
- Vá para a cama quando estiver sonolento; não durma no sofá.
- Evite cochilar no final da tarde ou no início da noite.

É fácil aumentar a serotonina

É fácil aumentar os níveis de serotonina e equilibrar o cérebro. Uma abordagem multimodal incluindo medicamentos, hormônios, suplementos nutricionais e sugestões específicas de dieta ajuda a romper o código de morte estabelecido pela depressão, pelo medo e por distúrbios do sono.

A depressão não é diferente de outras enfermidades físicas e pode ser tratada. Se você se sente constantemente melancólico ou apavorado, fale dos seus sentimentos com um amigo ou alguém da família. A depressão não está relacionada somente à perda de serotonina, também está no seu DNA. Isso significa que outra pessoa da sua família pode estar lutando contra essa doença. Não esconda seus sentimentos; você não estará se ajudando ou evitando a vergonha da família se não for honesto e procurar tratamento.

A maioria dos médicos concorda que muitas vezes o tratamento com antidepressivos é necessário para qualquer tipo de depressão e é a maneira mais rápida e eficaz de estabilizar o código de idade da serenidade cerebral.

Hormônios bioidênticos contra a depressão

Para ficar mais jovem e mais equilibrado, talvez seja necessário lançar mão de hormônios. Para tratar deficiências de serotonina, um dos mais poderosos é o hormônio do crescimento humano (HGH), naturalmente produzido na glândula pituitária. Os níveis de HGH atingem seu ápice durante a adolescência, mas, após os 21 anos, caem 14% a cada década. Isso significa que, ao chegar aos 50, a maioria das pessoas estará parcial ou completamente deficiente em HGH.

No entanto, essa redução pode ser completamente revertida por meio da suplementação com hormônios bioidênticos. A elevação do nível de hormônio do crescimento reduz a melancolia e proporciona um sono tranqüilo, permitindo que o cérebro se recomponha completamente durante a noite e esteja pronto para enfrentar o dia seguinte. O HGH também está relacionado à melhora da memória, à visão mais apurada e a um desempenho cognitivo aprimorado.

Alguns hormônios que incrementam a serotonina são a progesterona, o HGH e a pregnenolona. Converse com seu médico sobre um possível tratamento.

Fique feliz com suplementos e nutrientes

Os suplementos naturais oferecem uma alternativa sem efeitos colaterais aos medicamentos para dormir. Eles são gentis com a mente e o corpo e podem trazer o alívio de que você precisa para ter uma boa noite de sono. Muitos aminoácidos melhoram o humor e a depressão. O triptofano, por exemplo, é o aminoácido precursor da serotonina. É possível encontrar L-triptofano à venda em farmácias, sem receita.

As seguintes substâncias são acentuadoras naturais da serenidade: melatonina, triptofano, vitamina B_6, óleos de peixe (EPA/DHA), magnésio, vitamina B_3/niacinamida. Consulte seu médico sobre as doses ideais em seu caso.

A dieta acentuadora de serotonina

É possível aumentar os níveis de serotonina por meio de alterações na dieta, especialmente ao optar por alimentos ricos em triptofano. O peru é rico nessa substância, e é por isso que nos sentimos tão cansados depois de uma ceia caprichada no Natal. Não se renda à *junk food* e aos carboidratos; em vez de manter sua energia nas alturas, eles só o desacelerarão ainda mais com o excesso de peso.

Os níveis de serotonina são estabilizados o dia inteiro com as seguintes opções de cardápio:

Opções para o café-da-manhã

- ½ xícara de aveia com amoras e bananas
- ½ xícara de cereal de farelo de arroz com ½ xícara de leite desnatado
- 110 g de salmão defumado ou assado com tomates
- 1 xícara de iogurte *light* com gérmen de trigo
- Dois ovos cozidos
- ½ xícara de queijo *cottage* com frutas frescas

Opções para o almoço

- Carnes para sanduíche, como peru ou rosbife, com biscoitos integrais
- Sanduíche com 110 g de peito de frango e uma fatia de queijo suíço em pão integral
- Salada de abacate e beterraba
- Tofu e brócolis grelhados com arroz integral

Opções para o jantar

- 110 g de peito dc peru assado e fatiado com feijão
- ½ galeto e uma batata assada
- 110 g de pescada assada com brócolis no vapor

Opções para a sobremesa ou o lanche

- Guacamole com vegetais
- 1 xícara de iogurte com nozes variadas e frutas silvestres
- Queijo suíço e biscoitos integrais
- ¼ de xícara de nozes variadas
- ¼ de xícara de sementes de girassol e passas

As ervas e os condimentos a seguir podem ajudar a elevar o nível de serotonina:

- manjericão — combate o estresse;

- pimenta-do-reino preta — facilita a digestão e é auxiliar contra sinusite e epilepsia;
- borragem — acalma inflamações;
- pimenta-de-caiena — ajuda no combate à dor em geral, especialmente dor de cabeça, neuropatia e dor reumatóide;
- cominho — ajuda a digestão e a síndrome do túnel do carpo;
- noz-moscada — auxiliar em problemas gastrointestinais; tem propriedades psicotrópicas;
- hortelã-pimenta — ajuda a aliviar a tensão e a fadiga.
- alecrim — relaxa os músculos.
- sálvia — ajuda a aliviar o medo, a ansiedade, a paranóia e os delírios.
- tomilho — controla espasmos, auxilia nos problemas respiratórios e combate infecções fúngicas.
- açafrão — limpa naturalmente o corpo e protege o fígado.

Como lidar com as tentações alimentares

Algumas pessoas não conseguem comer quando estão deprimidas ou muito cansadas. Outras comem demais, medicando-se por conta própria com comidas ruins, carboidratos simples e alimentos "aconchegantes" e gordurosos. Apesar de as lanchonetes sussurrarem seu nome quando você está deprimido, não acate o chamado.

A seguir, algumas maneiras de contornar as tentações:

1. **Não caia no conto dos alimentos "sem gordura"**: essas alternativas supostamente saudáveis são uma das maiores enganações que existem. Quando se tira a gordura dos alimentos, é necessário colocar algo de volta para que as pessoas consumam esse alimento. Em geral, os substitutos utilizados são açúcar, conservantes e substâncias químicas que tornam esses alimentos mais calóricos. É melhor, de vez em quando, comer uma porção menor do seu prato preferido.

2. **Satisfaça a formiguinha que há em você**. Experimente chá de ervas com mel — tem aroma doce, satisfaz o desejo e aumenta sua ingestão de antioxidantes que combatem o envelhecimento.

3. **Seja inteligente quando comer fora**. Não importa o tipo de comida que escolher, logo que chegar ao restaurante beba bastante líquido, como água, chá ou suco de tomate, que aplacam o apetite. Comece com uma salada, deixe a cesta de pães de lado e opte por pratos como peixe grelhado e legumes. Peça ao garçom para colocar metade do prato em uma quentinha antes de levá-lo à mesa, assim você reduz sua porção.

4. **Planeje sua alimentação quando viajar**. Faça viagens com um arsenal de lanches saudáveis, como nozes e barrinhas de cereais. Lembre-se de beber muita água quando andar de avião: voar resseca a pele.

Menos mental, mais corporal

Agora podemos passar para a exploração de cada pausa do corpo. Mas não pense, nem por um segundo, que encerramos o assunto do cérebro. Lembre-se de que o cérebro é o órgão-mestre que controla o resto do corpo, a saúde e as pausas. Você verá que, em cada um dos capítulos a seguir, as pausas podem ser consertadas tanto suprindo as necessidades do órgão em pausa como cuidando do cérebro. E verá também como as pausas são interligadas: a reversão de uma provavelmente levará à reversão de outra.

7

Cardiopausa: desaceleração e envelhecimento do coração

É mais provável que morramos de doença cardíaca do que de qualquer outra complicação médica, enfermidade, acidente ou ataque terrorista. Mas é possível evitar isso. Doenças cardíacas podem ser combatidas e prevenidas. Basta cuidar do cérebro e do corpo.

O termo "doenças cardíacas" refere-se a distúrbios do coração e também do sistema vascular — a rede interna de vasos sanguíneos que possui mais de 90 mil quilômetros e na qual o coração bombeia sangue. Por terem dois lados, essas doenças são descritas simultaneamente como doenças cardiovasculares. Gosto de diferenciá-las como cardiopausa (relativa ao coração) e vasculopausa (relativa aos vasos sanguíneos periféricos). Ambas são capazes de matar e podem ser comprometidas pelos aceleradores de idade do cérebro, levando à morte. Entretanto, se seus sintomas forem percebidos e tratados precocemente, é possível revertê-las, recuperar a saúde e rejuvenescer.

DECIFRADOR DE CÓDIGO: o coração não é tão poderoso quanto a mente

Apesar de um coração saudável ser crucial, são o cérebro e o sistema nervoso que controlam verdadeiramente a saúde. O coração bate uma vez por segundo. Quando o cérebro está dormindo, completa quatro ciclos por segundo. Isso significa que, em comparação com o coração, o cérebro administra mais ativamente o corpo. Mesmo durante atividades físicas, quando a freqüência cardíaca sobe para dois ou três ciclos por segundo, ela ainda não é tão ativa quanto o cérebro adormecido.

A cardiopausa pode ser revertida

Já testemunhei melhorias significativas em pacientes com insuficiência cardíaca — em alguns casos, recuperações quase totais, que perduram por muitos anos. Esses resultados são possíveis porque analisamos a insuficiência cardíaca como uma questão sistêmica. Tratamos a pessoa inteira, não apenas a condição de bombeamento do coração. Esse tratamento inclui alterações saudáveis de estilo de vida e a introdução de nutrientes e suplementos formulados para melhorar o funcionamento do coração e prevenir problemas futuros, sem os efeitos colaterais de medicamentos alopáticos.

Quando a cardiopausa ataca, o coração reage

A seguir, apresento alguns cenários prováveis de cardiopausa.

- **Transpiração de bloqueios de artérias coronarianas**. Placas que se desenvolvem com colesterol, triglicerídeos e cálcio e obstruem as artérias. Já testemunhei a reversão de bloqueios de até 95% em meus pacientes.
- **Ocorrência de danos nas válvulas**. Esse inchaço, inflamação ou calcificação do coração pode ser significativamente reduzido.
- **Alargamento dos ventrículos cardíacos**. Causado por danos valvulares, pressão alta e abuso de álcool, pode ser completamente revertido.
- **Redução na ação cardíaca de bombeamento**. Essa condição é medida como fração da ejeção. Meu programa pode aumentar a eficiência da ação de bombeamento de 15% para 50%.

Fração de ejeção: o código de envelhecimento do coração

A medida mais comum usada para monitorar a insuficiência cardíaca é a fração de ejeção (FE). Esse número indica quanto sangue seu coração bombeia a cada batimento. Uma fração de ejeção de 55% a 75% (65% é o valor ideal) é considerada normal. Pacientes com insuficiência cardíaca em geral ejetam apenas 10% a 40% do sangue para o coração.

Os cinco maiores fatores de risco para cardiopausa

1. Histórico familiar de doença cardíaca
2. Tabagismo
3. Hipertensão
4. Diabetes
5. Colesterol elevado (baixo HDL, alto LDL)

O termo *cardiopausa* refere-se ao enfraquecimento do código cardíaco por meio das artérias coronarianas, as principais vias que levam sangue ao coração. Quando essas artérias ficam bloqueadas, seu tamanho diminui e o sangue tem mais dificuldade de passar para o coração e para o resto do corpo. As artérias entopem devido a inflamações ou acúmulo de placas.

Coágulos: ouço as batidas, mas não deixo entrar

Há dois tipos de colesterol; porém, é difícil saber qual deles é "bom" e qual é "ruim". Ambos são compostos de uma substância semelhante à cera, gordurosa, que é necessária para a saúde. O colesterol é um componente essencial de todas as células. Além disso, o corpo o exige para realizar algumas funções, como a produção de bílis pelo fígado, a digestão de gorduras e a produção de hormônios. Ele também reveste e lubrifica os vasos, permitindo que a circulação ocorra de forma suave. Em geral, é produzido pelo fígado; mas, se o corpo necessitar de mais colesterol do que o fígado é capaz de produzir, criará colesterol a partir dos alimentos ingeridos. Todavia, se o corpo produz mais colesterol do que é capaz de usar e processar, o excedente se deposita nas paredes dos vasos sanguíneos. Quando isso acontece, o colesterol passa a ser uma substância prejudicial.

Agora começa a parte confusa: há dois tipos de colesterol. O colesterol LDL, "ruim", vem diretamente do fígado e é levado às células do corpo. Se produzido em excesso, entupirá as paredes arteriais. O colesterol HDL, "bom", faz o caminho contrário: o sangue o transporta das paredes arteriais para o fígado, onde é eliminado.

Além disso, é preciso levar em conta os triglicerídeos. São um tipo de gordura que o corpo obtém dos alimentos. Quando o corpo digere a comida, as gorduras presentes nos alimentos são transformadas em triglicerídeos. O corpo também é capaz de produzi-los no fígado a partir de gorduras, carboidratos e proteínas. Eles entopem as artérias e contribuem para todos os tipos de doença cardíaca.

Os níveis ideais de colesterol e triglicerídeos são os seguintes:

- colesterol HDL: acima de 40;
- colesterol LDL: abaixo de 130;
- colesterol total: abaixo de 200;
- triglicerídeos: abaixo de 150.

Quando as portas do coração não fecham

A resposta do coração às artérias entupidas é o inchaço, como um batente de porta durante um verão úmido. O sangue não consegue sair do coração, que não é capaz de bombear sangue suficiente para fornecer o oxigênio necessário para o corpo, que por sua vez exige demais do sistema cardiovascular e do resto do corpo. Todos os órgãos precisam de sangue e, sem ele, não funcionam.

Os dois indicadores mais comuns para a cardiopausa são histórico familiar da doença e estilo de vida sedentário. A maioria dos pacientes que morrem de ataque do coração apresentava pouco ou nenhum sintoma. É por isso que ele é chamado de assassino silencioso: ele nos pega de surpresa.

No entanto, você pode ficar atento aos sinais e sintomas. Procure um médico imediatamente caso sinta algum deles:

- dor súbita e aguda em um dos braços, um dos ombros, nas costas ou no estômago;
- falta de ar;
- dor no peito;
- episódios súbitos de tontura;
- perda de memória, confusão;
- ansiedade, sudorese.

Diga a seu corpo para não destruir o coração

Assim como o coração afeta outros órgãos do corpo, a saúde de todo o corpo afeta o coração. Não há melhor momento do que o presente para começar a decifrar esse código de morte. Depois dos 40 anos, muitas pessoas apresentam uma redução de até 20% em freqüência cardíaca máxima porque o coração passa a responder menos à dopamina. Entretanto, quando tratamos do coração e do cérebro bem antes de os sintomas surgirem, reduzimos drasticamente o risco desse código de envelhecimento.

Em primeiro lugar, vamos analisar a relação entre o coração e os aceleradores de idade do cérebro. Resumidamente, quando o cérebro é danificado, o coração também é. A falta dos neurotransmissores a seguir pode favorecer a cardiopausa.

- **Dopamina**: a falta de dopamina pode levar à obesidade, que acelera todas as formas de doença cardíaca porque entope os vasos sanguíneos de gordura. O vício (de alimentos, álcool, cigarros e cocaína) acelera o desenvolvimento de doenças cardíacas.
- **Acetilcolina**: a falta de acetilcolina faz com que o cérebro e a mente se deteriorem e a doença cardíaca se acelere. Indivíduos que têm a capacidade cerebral intacta em estágios avançados de doença cardíaca viverão por mais tempo do que aqueles com capacidade cerebral deteriorada e doença cardíaca.

- **GABA**: a ansiedade e o estresse são causas muito conhecidas das doenças cardíacas. A deficiência de GABA em geral começa como irritabilidade e aumento simultâneo de pressão sanguínea.

Depressão e doença cardíaca: coração melancólico

Como a depressão e as doenças cardíacas são os principais aceleradores da morte, não é de estranhar que exista uma ligação entre elas. Estudos mostraram que a depressão é mais comum em pessoas cardíacas. Não é à toa: afinal, a depressão foi relacionada à elevação da pressão arterial, ritmos cardíacos anormais e níveis cronicamente elevados de hormônio de estresse, que aumentam a carga de trabalho do coração. A relação complexa entre essas duas doenças freqüentemente faz com que uma (ou ambas) não seja diagnosticada por profissionais de saúde e até mesmo pelos pacientes, que muitas vezes são incapazes de reconhecer os próprios sintomas.

A distima, ou "melancolia", atinge o coração. A depressão aumenta a probabilidade de morte prematura, ataque cardíaco e insuficiência de bombeamento, além de outros acidentes cardiovasculares graves como derrame, coágulos e infecções, que podem prejudicar o coração. É preciso estar consciente de seu estado emocional; quando a depressão aumenta, a doença cardíaca a acompanha.

Crianças com doença cardíaca: você pode ter nascido velho

As crianças podem nascer com artérias danificadas e chegar à adolescência sem ter recebido um diagnóstico adequado. Muitos adolescentes chegam ao meu consultório com pequenos buracos no coração, além de outras malformações cardíacas. Há também crianças que abusam tanto de alimentos com gordura saturada que, quando se tornam adolescentes, apresentam espessamento de artérias. Aos 20 anos, esses jovens já estarão velhos.

Respire com menos esforço e previna um ataque cardíaco

Além de pensar nos pulmões, as pessoas que sofrem de asma precisam pensar no coração. Pouca gente sabe que os indivíduos asmáticos apresentam maior índice de ataque cardíaco. O tratamento da asma não deve incluir apenas inaladores: também deve envolver o cérebro. O conserto das pausas que contribuem para a doença fará com que a pessoa respire melhor, tenha menos estresse, menos alergias e os seios da face menos congestionados, além de melhorar o sono e o humor. Tudo isso pode salvá-la de um ataque cardíaco.

Tome uma atitude: cuide do coração

A abordagem tradicional à doença cardíaca é amenizar os sintomas ao mesmo tempo em que se tenta melhorar a ação de bombeamento do coração. Há pacientes cardíacos que tomam até cinco medicamentos. Isso significa que eles ingerem: inibidores de ACE para reduzir a sobrecarga do coração e aumentar sua potência; diuréticos para eliminar os fluidos em excesso no corpo; dedaleira, uma erva conhecida por aumentar a capacidade de bombeamento do coração; além de anticoagulantes e betabloqueadores para reduzir a sobrecarga do coração e a pressão sanguínea.

Minha abordagem é diferente. O programa Você Mais Jovem começa com exames precoces e a formulação de uma programação holística que trata a ação de bombeamento do coração e todos os problemas associados a ela. A insuficiência de bombeamento não é, em si, sempre a causa da morte. O óbito pode ocorrer devido a coágulos causados por insuficiência cardíaca ou a estresse gerado por uma enfermidade que provoque arritmia ou irregularidade do ritmo cardíaco. Meu objetivo não é apenas recompor o bombeamento, mas reverter a cardiopausa e rejuvenescer o paciente. Para isso, é preciso olhar não somente para o coração, mas para a pessoa inteira.

Devo fazer cirurgia de ponte de safena?

Em todo o meu tempo de prática clínica, nunca encaminhei um paciente para a cirurgia de ponte de safena. Todos os anos, dezenas de milhares de pacientes são submetidos a ela — mas não os meus. O procedimento foi concebido para aumentar o fluxo sanguíneo e prevenir futuros ataques. Todavia, conheço métodos melhores de prevenção que incluem exames mais precisos e medicina preventiva. Mesmo nos casos de doenças cardíacas com quadro relativamente avançado, estudos mostraram que os pacientes conseguem deter e até reverter a doença simplesmente com alterações de estilo de vida e suplementação nutricional.

A importância dos exames precoces

Nunca é cedo demais para começar um programa cardiovascular. Se seu AgePrint estiver mais de 20 anos acima da idade cronológica, você precisa ser avaliado por um médico pelo menos uma vez por ano. Faça uma bateria completa de exames, incluindo ECG, teste de esforço com tálio, ECG contínuo por 24 horas, angiografia por TC e exames completos de sangue com verificação dos níveis de proteína C reativa e interleucinas, fibrinogênio, homocisteína, colesterol e outros lipídios sanguíneos e peptídios atriais e natriuréticos tipo B.

Um único exame pode detectar sua doença cardíaca. Isso é verdadeiro ou falso?

A resposta é: falso. Novos estudos mostram que o teste de esforço é o pior tipo de exame, além de muitas vezes falhar na detecção de doença cardíaca. Diversas pessoas morrem depois de apresentar resultados normais. Outros exames também não são infalíveis: o teste de esforço com tálio não é capaz de revelar o acúmulo de cálcio; o angiograma não verifica vasos pequenos, e cerca de 50% das vezes os médicos não concordam sobre a interpretação dos resultados.

A bateria-padrão de testes para doença cardíaca (ECG, teste de esforço com exercícios e lipídios séricos) não detecta nem mesmo quadros avançados em 90% das pessoas. Não se contente com um cardiologista que se prenda somente a esses métodos; encontre um que use o “grande trio”, bem mais preciso (testagem de lipoproteína, tomografia computadorizada cardíaca e índice tornozelo-braquial — ITB). A testagem de lipoproteína examina as proteínas que transportam gordura no sangue; a tomografia cardíaca avalia o acúmulo de cálcio e placa total nas paredes arteriais; e o ITB mede o fluxo sanguíneo nas extremidades do corpo. Cerca de 95% a 98% de todas as doenças cardíacas podem ser detectadas com esses exames.

Reverta a cardiopausa com medicamentos

Às vezes, é necessário lançar mão de medicamentos para ajudar a prevenir ou controlar a doença coronariana e reduzir o risco de ataque cardíaco. A seguir, uma lista dos mais comuns e como funcionam.

- **Inibidores de ACE**: bloqueiam a substância química que estreita os vasos sanguíneos; são usados para controlar a pressão alta e os danos no músculo cardíaco. Podem ser prescritos após um ataque cardíaco para ajudar o coração a bombear melhor o sangue.
- **Betabloqueadores**: desaceleram o coração e fazem com que ele bata com menos força de contração, reduzindo a pressão e permitindo que ele trabalhe sem esforço. São usados para tratar pressão alta e dor no peito, além de prevenir arritmias e novos ataques do coração.
- **Diuréticos**: por diminuírem o fluido corporal, reduzem a pressão sanguínea e tratam edemas.
- **Bloqueadores de canal de cálcio**: relaxam os vasos sanguíneos; reduzem a pressão e a dor no peito.
- **Anticoagulantes** (afinadores de sangue): assim como a aspirina, ajudam a reduzir o risco de ataque cardíaco e derrame. Também colaboram para manter as artérias desobstruídas e

são particularmente eficazes para indivíduos que já foram submetidos a cirurgia de ponte de safena.

A má notícia é que os medicamentos para o controle do colesterol e da pressão alta são aceleradores de idade. Apesar de controlarem o colesterol e talvez prevenirem o mal de Alzheimer, eles diminuem o apetite sexual, envelhecem os principais órgãos (coração, cérebro, pulmões e rins) e podem reduzir sua vida em mais de 16 anos, especialmente se você estiver mais de cinco quilos acima do seu peso ideal. Apesar de desempenharem um papel importante na reversão da cardiopausa, especialmente se seu AgePrint for maior que 40, devem ser associados com outros tratamentos mais naturais, de modo a minimizar os efeitos colaterais.

Hormônios bioidênticos

Muitos pacientes cardíacos se beneficiam com a terapia hormonal, especialmente se for à base de hormônio do crescimento e testosterona. Juntos, esses hormônios fortalecem o músculo cardíaco, o que ajuda a contração cardíaca e melhora a capacidade de bombeamento do coração. O DHEA protege os homens da arteriosclerose e das doenças cardiovasculares.

Você pode ajudar a recuperar seu coração com os seguintes hormônios naturais: hormônio do crescimento humano (HGH), estrogênio, testosterona, progesterona, pregnenolona e DHEA.

Suplementos naturais para rejuvenescer o coração

Para reduzir a possibilidade de doenças cardíacas, recomendo vários suplementos, tais como:

- óleo de peixe, para prevenir coágulos;
- niacina, que ajuda a elevar o nível do colesterol "bom" (HDL);
- taurina, para melhorar a ação de bombeamento e reduzir o estresse;

- inositol, para reduzir o estresse, um importante fator que leva à insuficiência cardíaca;
- melatonina, para promover o sono, quase sempre um problema em pacientes com insuficiência cardíaca;
- vitaminas do complexo B, para reduzir a homocisteína;
- policosanol, uma mistura de oito álcoois sólidos extraídos da cana-de-açúcar, que possui uma capacidade excepcional de reduzir o colesterol "ruim" (LDL) e aumentar o "bom" (HDL).

Dieta do Arco-íris para evitar a cardiopausa

Em primeiro lugar, uma alimentação rica em frutas, legumes, grãos integrais e muita proteína com baixo teor de gordura pode reduzir o peso, o que contribui para minorar as doenças cardíacas. Converse com seu médico sobre como combinar esse esquema com um plano de baixa ingestão calórica, a fim de perder peso.

A Dieta do Arco-íris também recomenda alimentos com baixo teor de sódio, o que reduz naturalmente o inchaço interno e a retenção de água. Também substituo alimentos de alto risco, que criam colesterol, por outros de baixo risco, que destroem o colesterol e reduzem a pressão.

Em vez de	Experimente
Bacon	Presunto de peru
Carne moída	Carne magra
Creme de leite	Leite desnatado
Ovo	Clara de ovo
Sorvete cremoso	*Sorbet* ou *frozen yogurt light*
Batata frita	Biscoitos de arroz ou de soja

Sugestões de cardápio para reduzir o colesterol:

Opções para o café-da-manhã

- 1 xícara de iogurte desnatado com um punhado de sementes de abóbora e frutas frescas

- ½ xícara de aveia e 2 a 3 colheres de sopa de leite de soja ou de arroz sem açúcar
- Metade de uma laranja polvilhada com canela e adoçante, servida com um ovo cozido sobre folhas de espinafre ao vapor
- 2 claras mexidas com 1 fatia de torrada de trigo integral

Opções para o almoço

- 1 xícara de canja de galinha com macarrão integral
- 1 xícara de sopa de legumes com 1 fatia de pão de centeio e queijo magro
- Salada de folhas com grão-de-bico, milho, nozes e vinagrete
- 110 a 170 g de salmão ao vapor com vegetais crus

Opções para o jantar

- 110 a 170 g de peito de frango sem pele com ½ xícara de arroz integral
- Salada Caesar feita com espinafre, aipo e cenouras, 1 ovo cozido, queijo feta *light*, sardinhas ou salmão e molho de limão, mostarda e azeite de oliva
- 1 xícara de macarrão integral e almôndegas (de carne magra) e molho marinara com pouco sódio
- 110 a 170 g de carne magra grelhada com feijão-verde e amêndoas fatiadas

Opções para a sobremesa ou o lanche

- ¼ de xícara de nozes variadas sem sal
- Fatias de maçã ou outras frutas frescas
- ½ xícara de queijo *cottage light* com nozes, sem sal, e frutas frescas

As seguintes ervas e condimentos ajudam o coração a permanecer saudável: alho; gengibre; sementes de mostarda; alecrim.

Beba chá para ficar mais jovem

O chá é a bebida mais consumida no planeta, perdendo apenas para a água. Os três principais tipos de chá (preto, verde e *oolong*) são originados da mesma planta. O chá é considerado benéfico porque seus flavonóides mostraram ter propriedades antioxidantes poderosas. Ele combate os radicais livres, que são toxinas que alteram a estrutura química das células e afetam o DNA. Sem chá, o DNA começa a envelhecer, o que significa que a pessoa também envelhece.

Uma matéria do *American Journal of Epidemiology* sobre consumo de chá e doenças cardiovasculares revelou que, para cada três xícaras de chá consumidas ao dia, há uma redução de 26% a 66% do risco de derrame. Outro estudo, de 2003, mostrou que, quando combinado a uma dieta pobre em gordura saturada, o consumo de extrato de chá verde enriquecido com bioflavonóides ajuda a reduzir ainda mais os níveis de colesterol "ruim". Ao contrário de alguns medicamentos, que podem ter efeitos colaterais desagradáveis, o suplemento de chá verde foi bem tolerado. A catequina, um dos muitos flavonóides encontrados no chá verde, ajuda a prevenir o acúmulo de placa aterosclerótica no coração. Uma xícara por dia sai mais barato do que uma angioplastia. Então, continuem bebendo a "água verde".

Os bioflavonóides

Os bioflavonóides têm poderes medicinais estupendos, como proteger contra doenças cardíacas, melhorar a circulação e reforçar a parede dos vasos sanguíneos. São encontrados em frutas, legumes, ervas, condimentos e chás.

É o pigmento vermelho, não o vinho, que faz bem

Um novo estudo da Grécia mostra que pessoas com artérias danificadas obtêm de uma taça de vinho tinto sem álcool os mesmos benefícios que obteriam com o vinho tradicional com álcool. Ou seja, é o suco de uvas vermelhas que faz bem, não o álcool. Além disso, comer alimentos vermelhos é uma ótima forma de estimular o bombeamento do coração.

O sal não é uma boa opção durante a cardiopausa

Carregado de sódio, o sal pode aumentar o risco de pressão alta. O único benefício relativo do sal marinho são alguns minerais em boa quantidade.

O retorno dos ovos ao café-da-manhã

Os ovos costumavam ser proibidos por causa da grande quantidade de colesterol. No entanto, pesquisadores mostraram que eles não elevam os níveis de colesterol no sangue em mais de 2%. Ricos em aminoácidos, os ovos são quase uma proteína perfeita e aumentam a sensação de saciedade.

Libere o estresse

O estresse cobra um preço do coração, do cérebro e de todo o corpo. Apesar de nem sempre ser possível ignorar o estresse no trabalho ou na vida familiar, as pessoas precisam descobrir uma válvula de escape para liberar parte da tensão acumulada durante o dia. As sugestões a seguir certamente não são novidade, mas, como funcionam, merecem ser repetidas aqui.

- Faça aula de ioga.
- Medite durante 20 minutos antes de dormir.
- Descubra o poder da oração a sós ou entre amigos.
- Faça uma atividade relaxante que o interesse, como leitura, costura ou caminhada.
- Desligue a televisão e saia de perto do computador.

8

Vasculopausa: recuperando as avenidas e vielas do corpo

Em geral, a vasculopausa começa por volta dos 50 anos. Trata-se do outro lado da cardiopausa, e sua detecção e reversão também são importantes. A vasculopausa implica alterações na circulação sanguínea do coração para o resto do corpo. Através de vasos sanguíneos, artérias e pequenos capilares, o sistema vascular transporta sangue rico em oxigênio do coração para os tecidos, e de volta ao coração através das veias.

A pressão sanguínea é a medida da força exercida pelo sangue contra as paredes arteriais. É simplesmente uma medida do esforço que o coração precisa fazer para promover a circulação do sangue pelo corpo. À proporção que os diâmetros de todos os vasos sanguíneos diminuem e as paredes arteriais endurecem devido ao acúmulo de placas, ocorre uma elevação de 20% a 25% na pressão sanguínea. É disso que trata a pressão alta, ou hipertensão.

Hipertensão: estresse e endurecimento das artérias

A pressão sanguínea é uma das duas medidas importantes das doenças cardíacas; a outra é o nível de colesterol. A elevação da pressão do sangue pode causar ataque cardíaco, derrame ou outros distúrbios cardiovasculares, inclusive aneurisma (rompimento de um vaso sanguíneo) e óbito.

A pressão alta é indolor, assintomática e muitas vezes inesperada, apesar de existir um relevante componente genético. Ela afeta pessoas de meia-idade e idosos obesos ou que abusam do álcool. Também atinge mulheres que usam contraceptivos orais ou drogas. Milhões de indivíduos têm pressão alta, sobretudo mulheres acima dos 75 anos. Com a idade e a obesidade, a pressão alta é a principal causadora de óbitos.

A pressão sanguínea é medida como uma fração. O número de cima é o valor sistólico, que avalia a taxa de contração do coração, e o de baixo é o valor diastólico, que mede o tempo quando o coração está relaxado. Um resultado igual ou superior a 140/90 pode trazer implicações graves para a saúde.

A hipertensão e o cérebro

À medida que aumenta a pressão sanguínea, aumenta também o declínio cognitivo. Os vasos contraídos provocam redução na circulação de sangue e de oxigênio para o cérebro. Somente os vários tratamentos vasculares, hormonais e nutricionais que revertem a vasculopausa e equilibram o cérebro podem prevenir o desenvolvimento da demência. Muitos dos meus pacientes acima dos 40 ou 50 anos tinham pressão alta e faziam uso de betabloqueadores, diuréticos e outros medicamentos. Ao seguirem meu programa hormonal e de nutrientes para a vasculopausa, perderam peso de imediato, sua pressão caiu e a memória e a atenção melhoraram.

Hipertensão e GABA

A hipertensão pode estar relacionada ao uso constante de analgésicos comuns. Em uma pesquisa, mulheres que usavam acetaminofeno (paracetamol) ou medicamentos antiinflamatórios não esteróides (NSAIDs) apresentaram maior incidência de pressão alta em comparação com aquelas que não usavam analgésicos comprados sem receita médica. A dor e a angústia emocional certamente são aceleradores de idade que causam pressão alta. As deficiências de GABA que levam à dor e à ansiedade contribuem para a pressão alta. Se conseguir aumentar seus níveis de GABA, sua pressão sanguínea cairá.

Cérebro e derrame

Mesmo que mantenha baixo o colesterol, se você não tratar a vasculopausa com hormônios bioidênticos do crescimento, estrogênio, progesterona ou testosterona, ainda correrá um risco alto de acidente vascular. Derrames e miniderrames acontecem o tempo todo.

Os derrames ocorrem por causa do bloqueio de vasos sanguíneos no cérebro (derrame isquêmico) ou de uma ruptura de vasos sanguíneos no cérebro (derrame hemorrágico), mas principalmente devido aos bloqueios.

Os sintomas de derrame surgem tão rapidamente que é difícil reagir apropriadamente e buscar atendimento médico. Eles incluem:

- fraqueza súbita ou dormência no rosto, no braço ou na perna (em geral um lado do corpo);
- perda da fala;
- dificuldade de entender a fala;
- visão obscurecida ou perda de visão (particularmente em um olho);
- tontura inexplicada;
- falta de equilíbrio;
- dor de cabeça muito forte e súbita.

O sistema vascular periférico contém os menores vasos sanguíneos e capilares. A doença vascular periférica (PVD) surge por volta dos 50 anos e é uma complicação comum da circulação, combinada com coágulos sanguíneos. O resultado é o fornecimento insuficiente de sangue para a parte inferior da perna e os pés. As principais queixas iniciais são de mãos e/ou pés frios.

A PVD é totalmente reversível caso seja descoberta nos estágios iniciais. Entretanto, fico surpreso com a falta de interesse dos médicos em realizar ultra-sons de rotina e testes de índice tornozelo-braquial (ITB) em um exame físico das artérias. Grande parte deles usa todo tipo de exame físico manual, incluindo técnicas arcaicas, como checar o pulso ou usar diapasão. Esses métodos foram ultrapassados por tecnologias mais precisas. As avaliações elétricas, a avaliação nervosa de reflexos e a aferição da dor muscular não diagnosticam os resultados internos que uma ultra-sonografia e um ABI podem fornecer.

A maioria dos médicos trata os pacientes com derrame como pacientes neurológicos, quando é possível fazer muito mais para reverter os efeitos devastadores que um derrame provoca. Antidepressivos, terapia com hormônios, medicamentos para o sono, nutrição adequada e suplementos naturais podem melhorar o quadro vascular.

A seguir, alguns nutrientes que podem contribuir:

- vitamina E, cebola, gengibre, óleos de peixe e casca de salgueiro ativam a circulação e o fluxo sanguíneo;
- o alho ajuda a reduzir a pressão sanguínea;
- arginina, vitamina A, selênio, cisteína, vitamina C e betacaroteno.

Estas ervas e condimentos ajudam a melhorar a circulação:

- a pimenta-caiena auxilia o corpo a equilibrar os níveis de pressão e a resistir a sangramentos anormais;
- o gengibre acentua a circulação;
- o alho ajuda na circulação e reduz a pressão sanguínea;
- a canela aumenta a circulação, especialmente nas articulações com artrite.
- o açafrão ativa o fluxo sanguíneo.

Quelação: terapia rompe o código da vasculopausa

Muitos cientistas acreditam que a exposição crônica a níveis baixos de chumbo ou outros metais pesados, como cádmio, alumínio e mercúrio, também pode causar hipertensão. Isso é particularmente verdadeiro após a menopausa, quando a perda óssea pode elevar os níveis séricos de chumbo.

Trato meus pacientes com níveis elevados de chumbo ou metal com a terapia de quelação. Os agentes de quelação viajam pela corrente sanguínea e "capturam" minerais e metais como cálcio, mercúrio, cádmio, cobre, alumínio e ferro. Isso faz com que o corpo consiga expulsar esses metais, os quais são retirados da corrente sanguínea e levados para os rins, que os excretam na urina.

Diabetes: o acelerador de idade que liga a obesidade à vasculopausa

Milhões de pessoas têm diabetes. Um terço delas nem sabe que sofre da doença. Além disso, se essa tendência continuar, o diabetes e suas complicações serão a causa número um de mortes em 2010, ultrapassando o câncer e as doenças cardíacas.

O diabetes começa quando o corpo não é mais capaz de processar os açúcares ingeridos em alimentos ricos em carboidratos, como arroz branco, farinha branca e batata. O corpo precisa transformar esses alimentos em açúcares simples, ou glicose, para usar essa substância como combustível no nível celular. O hormônio insulina é responsável por transportar a glicose para as células. No entanto, quando o corpo não produz insulina em quantidade suficiente, a glicose se acumula na corrente sanguínea, causando uma doença chamada hiperglicemia ou nível alto de açúcar no sangue. Essa doença ativa uma série de eventos que contribuem para a inflamação e os depósitos de placa no sistema vascular, inclusive pressão alta. Da mesma forma, a pressão alta e outras doenças da vasculopausa podem favorecer o diabetes. Se você tem diabetes desde o nascimento, ele é do tipo 1. Se desenvolveu a doença mais tarde, é do tipo 2.

O diabetes está intimamente relacionado à obesidade. O excesso de peso causado pelo consumo excessivo de carboidratos cria resistência à insulina. O sedentarismo também contribui muito para o diabetes. A receita para combater o problema é comer menos e se exercitar mais.

Tome uma atitude: diagnostique o diabetes

O diabetes é facilmente detectado pela aferição dos níveis de açúcar no sangue. Os sintomas a seguir podem ocorrer quando uma pessoa sofre de diabetes do tipo 2:

- visão turva;
- sede em excesso;
- fome extrema;
- urina freqüente e excessiva;
- aumento do cansaço;
- irritabilidade;
- ganho de peso.

Ao integrar suplementos, dieta, medicamentos e exercícios, você terá grande chance de vencer a doença. O equilíbrio hormonal é fundamental para o manejo do diabetes; as deficiências de hormônio reduzem a eficácia da insulina. A suplementação com testosterona, no caso de homens, diminui a resistência à insulina, eleva os níveis de colesterol "bom" (HDL), reduz a pressão sanguínea e ajuda a emagrecer, além de aumentar a massa muscular. O equilíbrio dos níveis de estrogênio, progesterona e testosterona em mulheres melhora o controle da glicose e ajuda a controlar o peso.

Estes suplementos contribuem para normalizar os níveis de açúcar no sangue:

- tanchagem, goma-guar, extrato de folha de mirtilo: reduzem a absorção da glicose e evitam o aumento súbito da glicose sérica;
- ácidos graxos essenciais: previnem a resistência à insulina;
- cromo: protege as pessoas com diabetes contra arritmias fatais;
- óleo de peixe, DHEA: melhoram a sensibilidade à insulina e otimizam os lipídios no sangue;
- ácido lipóico: apóia a função nervosa.

9

Tireopausa: enfraquecimento do metabolismo

Gosto de pensar na conexão cérebro-corpo como um arco dourado conectado a uma corda de prata brilhante. O cérebro é o arco dourado que transfere eletricidade ao restante do corpo por meio da corda de prata, que, por sua vez, desce pela coluna inteira a partir do pescoço. A corda transmite o código elétrico cerebral por intermédio do sistema nervoso central. Como um titereiro, o cérebro puxa as cordinhas do corpo por meio do pescoço.

No pescoço e na parte superior do peito, a corda de prata do cérebro se conecta primeiro a três dos grandes reguladores do organismo: o timo, que controla o sistema inunológico; a tireóide, que controla o metabolismo; e a paratireóide, que controla a densidade óssea. Se os três estão funcionando bem, a pessoa é saudável, livre de infecções e doenças e cheia de energia.

Quando um está comprometido, o resto do corpo é diretamente afetado. Os outros órgãos, antes aptos a combater invasores, agora são incapazes de impedir que infecções pequenas se alastrem ou que doenças se desenvolvam. Com o tempo, o enfraquecimento do sistema imunológico pode provocar a morte de cada órgão.

Tireopausa: a importância da tireóide

A tireóide é uma glândula hipervalorizada, mas pouco examinada, que controla a taxa com que o organismo queima o combustível necessário para manter você e seu humor em ordem. Ela sintetiza os hormônios tiroxina (T4) e triiodotironina (T3). Esses hormônios tireoidianos são necessários em lactentes para o desenvolvimento normal do sistema nervoso central; em crianças para o desenvolvimento esquelético normal; e em adultos para o funcionamento normal de outros órgãos e sistemas. Os hormônios tireoidianos também afetam o crescimento e a maturação dos tecidos, ajudam a regular a digestão de gorduras e aumentam a absorção de carboidratos nos intestinos.

A tireopausa marca o início de doenças metabólicas. Elas podem vir já de nascença, mas em geral ocorrem entre os 30 e os 40 anos — e, mais freqüentemente, aos 50. As mudanças muitas vezes são sutis; sem fazer o teste do AgePrint, talvez você não venha a saber que está passando pela tireopausa.

Muitos dos sintomas mais notáveis estão relacionados mais à "cabeça" do que ao "corpo". Alguns deles: ansiedade, apatia, unhas quebradiças, intolerância ao frio, mãos e/ou pés gelados, confusão, constipação, diminuição da energia geral, alucinação, depressão, dificuldade de concentração, redução do consumo de comida, insônia, irritabilidade, letargia, sintomas maníacos, perda de memória, paranóia, agitação, ganho de peso.

Hipo ou hiper?

Há dois tipos de problemas de tireóide: hipertireoidismo ou hipotireoidismo. Ambas afetam a forma como o corpo lida com as doenças e, em muitos casos, são consideradas doenças auto-imunes ou auto-ataques. O hormônio estimulador da tireóide (TSH) dá o retorno do circuito ao cérebro. A dosagem de TSH na pituitária é baixa no hipertireoidismo e alta no hipotireoidismo. Normalmente, o TSH aumenta com a idade, mas costuma ficar entre 0,5 e 3. O hipotireoidismo começa quando a dosagem de TSH está acima de 3, não importa a idade do indivíduo. Já vi pacientes com níveis de TSH beirando os 125. Quando estão abaixo de 0,5, por outro lado, trata-se de um caso subclínico de hipertireoidismo.

Os pacientes com hipotireoidismo apresentam uma série de problemas de saúde, incluindo: constipação, pele seca, fluido no coração, retenção de líquidos, bócio (aumento da tireóide no pescoço), dores de cabeça, pressão alta, dores nas articulações, dores musculares, inchaço do rosto e das pálpebras, espessamento da língua, afinamento das sobrancelhas, alterações de peso, intolerância ao frio, fluxo menstrual intenso.

Os pacientes com hipertireoidismo apresentam os seguintes sintomas: angina, dor no peito, fadiga, movimentos intestinais constantes, irregularidades no ciclo menstrual, atrofia muscular, cãibras, fraqueza muscular, nervosismo, palpitações, batimento cardíaco acelerado, sensibilidade ao calor, perda de peso repentina, sudorese, inchaço dos dedos, unhas fracas.

A tireopausa afeta as outras pausas

Se a tireóide se desregula, o resto do corpo a acompanha. Quando cuidamos da tireóide de alguém, ocorrem muitas melhoras em aspectos de sua saúde que poderiam não estar relacionadas à doença inicial. Quando a tireóide começa a falhar, cada uma das pausas é afetada.

- Cardiopausa: alterações na tireóide podem afetar os níveis de colesterol, o ritmo cardíaco e o risco de doenças coronarianas e arteriais. As mulheres que não tratam o hipotireoidismo estão duas vezes mais sujeitas a sofrer um ataque do coração.
- Osteopausa: o cuidado com a tireóide melhora substancialmente a artrite e as dores nas articulações.
- Dermatopausa: aumentar os níveis de hormônio da tireóide melhora a secura da pele. A perda de T3 com a idade contribui para o aspecto enrugado da pele.
- Menopausa ou andropausa: a falta de hormônios tireoidianos diminui a libido; aumentar sua quantidade melhora os dias e as noites.

A Dieta do Arco-íris para uma tireóide mais jovem

Alguns alimentos que ingerimos diariamente podem ser ao mesmo tempo extremamente saudáveis e perigosos. Se seu AgePrint indica que você pode estar vivenciando a tireopausa, é preciso ficar longe de um grupo de alimentos conhecidos como bociogênicos, que interferem na função da tireóide. Eles incluem todas as crucíferas (couve-flor, couve-de-bruxelas, brócolis, repolho, couve, folha de mostarda, nabo e couve-nabo). A soja e alimentos derivados da soja também são outro grupo de bociogênicos, bem como pêssego, morango, amendoim, rabanete, espinafre e painço. Eles não devem ser ingeridos crus; o cozimento parece amenizar suas propriedades negativas. Porém, o melhor é evitá-los completamente.

Escolha, em vez disso, alimentos ricos em iodo e coma muito peixe. Se sua pressão for normal, pode consumir sal iodado. Selecione os seguintes alimentos para aumentar os níveis de serotonina: queijo, frango, gema de ovo, carne magra, lentilhas, leite, melaço, sal marinho, algas, peru.

Algumas refeições que auxiliam na reversão da tireopausa: omelete preparada com queijo cheddar de baixa caloria; caldo de feijão-preto; salada de algas japonesas; 120 g de carne de boi magra grelhada com alho fresco e manjericão, acompanhada de salada de feijão-verde; peru orgânico com molho de lentilha.

10

Imunopausa: quando o corpo é incapaz de combater infecções

Embora tenha gozado de ótima saúde na infância, na vida adulta você sofre uma sinusite atrás da outra? A cada perda de hormônio ou desequilíbrio químico do cérebro, o código imunológico é rompido. Já no início da puberdade, a resposta imune gradualmente começa a declinar. Então se torna muito mais fácil adoecer. O sistema imunológico fornece uma camada de proteção que impede que os vírus e as infecções causem danos ao cérebro e ao corpo. Quando entramos na imunopausa, o sistema imunológico não consegue nos proteger do ataque constante de vírus e infecções que nos rodeiam.

Na idade adulta, vivenciamos esse enfraquecimento do sistema imunológico na forma de inflamações mais freqüentes — das doenças do coração à dermatite. À medida que as inflamações se agravam, os níveis de serotonina caem, criando febres altas ou baixas e anomalias do sono. As inflamações agem como um código de morte para a imunopausa, permitindo a entrada de vírus, fungos e bactérias em todos os órgãos do corpo.

As infecções são invasores alienígenas

As infecções podem aumentar e se desenvolver no corpo quando o sistema imunológico dorme no ponto. Microrganismos microscópicos entram por nossos diversos orifícios e chegam até as células, destruindo tudo pelo caminho. As infecções contribuem para aumentar o quadro inflamatório e, o que é mais perigoso, como no caso da aids, destruir completamente o sistema imunológico.

As infecções que ocorrem no corpo podem afetar o cérebro. Por exemplo, a gripe comum contribui para o mal de Parkinson. Quando o sistema imunológico está comprometido, o nível de dopamina diminui. É por isso que os medicamentos para o mal de Parkinson, que aumentam os níveis de dopamina, são capazes de aliviar os sintomas da gripe.

Inflamação

A inflamação é o primeiro sinal de envelhecimento de qualquer parte do corpo. Há muitos sinais sutis de inflamação, um dos quatro principais responsáveis pela morte devida ao envelhecimento, sendo os outros três a oxidação, a desidratação e a ossificação (excesso de depósitos de cálcio). A inflamação é o pilar do envelhecimento. Nódulos, cistos e calcificações detectados por exames de ultra-som e diversos exames de sangue indicam quadros inflamatórios.

O seu sistema imunológico é seu melhor amigo ou seu pior inimigo?

Há algo curioso a respeito do sistema imunológico: à medida que envelhecemos, ele pode entrar em colapso. Muitas vezes muda para o modo de ataque: em vez de manter sua saúde, desencadeia inflamações, que podem levar à esclerose múltipla ou ao câncer, ou muda para o modo viral, o que contribui para que a pessoa esteja sempre gripada ou com alguma infecção. Esse quadro é descrito como doenças auto-imunes. As alergias, por exemplo, ocorrem quando o sistema imunológico se volta contra o indivíduo. Mas, se você se mantém jovem, o sistema imunológico também permanece jovem, e do seu lado.

Imunopausa e câncer

O câncer também surge como resposta auto-imune; as células sadias "viram" más, multiplicam-se e invadem órgãos e sistemas corporais inteiros.

Boa parte da comunidade médica acredita hoje que as infecções podem ser a causa do câncer. Pesquisas mostram que aqueles que apresentaram infecções durante a vida inteira, como hepatite C, estão mais sujeitos a desenvolver câncer do que quem não teve infecções.

Assim como quase todos os grupos de doenças, o câncer parece ocorrer com mais freqüência em indivíduos obesos, que dormem pouco, são deprimidos ou apresentam desequilíbrios químicos cerebrais; aqui, os aceleradores da idade bioquímica entram em campo mais uma vez. Alguns tipos de câncer são puramente genéticos; outros são ativados pelo estilo de vida e pelo ambiente. Por exemplo, viver em uma grande metrópole, altamente poluída, com certeza favorece todos os tipos de câncer — incluindo os de pulmão, de mama e de próstata.

As toxinas causam câncer e destroem os sinais do cérebro

Nosso meio ambiente — lotado de poluentes — pode facilmente induzir a imunopausa.

Eliminar os efeitos nocivos dos poluentes ainda é uma das questões ambientais mais desafiadoras e importantes. Isso vale tanto para os lares quanto para os locais de trabalho. Os seguintes poluentes estão diretamente associados ao câncer: poluentes do ar emitidos por fábricas, usinas elétricas, secadoras, carros, ônibus e incêndios florestais; ou presentes na poeira; asbestos em prédios antigos; chumbo em tintas; mercúrio, que costuma ser encontrado em peixes de águas profundas, principalmente atum; mofo encontrado em locais úmidos, principalmente porões; pesticidas borrifados em alimentos e usados também nas plantações caseiras; produtos químicos utilizados em piscinas; lixo biológico, lixo comum, pneus velhos, ferro-velho; poluentes da água, que podem ser encontrados até mesmo em garrafas de água mineral.

DECIFRADOR DE CÓDIGO: faça amigos e derrote o câncer
Um dos componentes principais de uma vida plena são os relacionamentos saudáveis. Quando o cérebro está equilibrado, o estado emocional o acompanha e a capacidade de fazer novos amigos aumenta. Segundo um estudo feito pela Universidade de Iowa, quanto mais amigos se tem, menor o risco de câncer.

O diagnóstico precoce é a chave, e o equilíbrio cerebral é sua defesa

A imunopausa precisa ser analisada com cuidado. Existem exames de sangue para diversas infecções fúngicas e bacterianas, além daqueles que indicam como os leucócitos estão combatendo as doenças. Há outros específicos para o caso de suspeita de alguma enfermidade em particular. Muitos exames são capazes até mesmo de identificar o câncer em seus estados iniciais.

Três imagens são capazes de detectar o câncer: o PET scan, que se acende com a atividade hipermetabólica; a ressonância magnética, que oferece mais detalhes sobre a anatomia; e o ultra-som, que oferece um bom indício da presença de nódulos, calombos e inchaços. Depois, seriam feitos exames de ultra-som da cabeça aos pés e outros de sangue, para verificar a presença da doença. A dificuldade ou impossibilidade de tratamento do câncer varia, dependendo de seu estágio. Portanto, o diagnóstico precoce é crucial.

Tipos de câncer

Todos os órgãos podem ser atacados pelo câncer, inclusive a pele e os ossos. Hoje não existe cura para nenhum tipo de câncer. Entretanto, há diversos tratamentos capazes de colocar a doença em estado de remissão, possibilitando um aumento da sobrevida e maior conforto no dia-a-dia. Os pacientes de câncer tratados com terapias multimodais apresentam melhores resultados, principalmente quando usam antidepressivos para aumentar os níveis de dopamina.

Fortaleça seu sistema imunológico e rejuvenesça

É relativamente fácil fortalecer o sistema imunológico. A abordagem multimodal inclui medicamentos, hormônios, suplementos e sugestões nutricionais específicas que ajudam a romper o código de morte instalado pelo câncer e pelas inflamações.

Há diversas maneiras de reverter o envelhecimento de seu sistema. A escolha pode ser guiada por sua deficiência. Se você não exibe nenhum sintoma e seu AgePrint ficou acima dos 20, comece com mudanças na dieta e no estilo de vida. Se sua pontuação ficou entre 40 e 60, precisa usar hormônios. No caso de pontuações maiores que 60, são necessárias medicações.

Hormônio do crescimento

O envelhecimento é a falência da capacidade de repor, e o crescimento é uma forma de reposição controlada. A ausência de hormônio do crescimento desencadeia um sinal de morte para o corpo. A imunopausa está relacionada à deficiência de hormônio do crescimento humano (HGH). Já observei resultados impressionantes com o uso de HGH, incluindo o rejuvenescimento em geral, o aumento de força física e uma atitude mais confiante diante da tarefa mais difícil da vida: envelhecer com graça.

Alguns dos efeitos cientificamente comprovados dessa terapia: diminuição da pressão arterial; redução do colesterol; melhora da memória e do desempenho sexual; aumento da massa muscular magra, da mineralização óssea e da energia; diminuição da gordura corporal; leve restauração da cor e do crescimento capilar; fortalecimento do sistema cardiovascular e do sistema imunológico.

O hormônio do crescimento não provoca câncer, mas o envelhecimento, sim

Ao longo dos anos, houve bastante controvérsia quanto ao fato de a suplementação com hormônio do crescimento causar câncer. Crianças que já tiveram câncer podem tomar hormônio do crescimento com segurança, e as que tomaram hormônio do crescimento durante anos não têm mais risco de desenvolver câncer do que as que não o fizeram. Ironicamente, os jovens, que possuem os índices mais elevados de hormônio do crescimento naturalmente, apresentam o menor risco de câncer. Aqueles que abusam do HGH, como alguns atletas, morrem de complicações relacionadas à contaminação e problemas nas válvulas cardíacas, e não de câncer.

Nutrientes que fortalecem naturalmente o sistema imunológico

Uma das melhores coisas que você pode fazer pelo seu corpo é garantir que ele receba os nutrientes certos, especialmente se o que está em questão é o sistema imunológico. Já trabalhei com o doutor Robert Atkins, e ele me convenceu de que existe uma relação direta entre o que comemos e a maneira como nos sentimos. Essas duas áreas da vida estão intimamente conectadas e nos ajudam a evitar as pausas.

A vitamina D, fundamental para o fortalecimento ósseo, comprovadamente reduz a resistência à insulina, regula a produção celular e modula a função imunológica. Aumentar o consumo de vitamina D pode ajudar a reduzir o risco de câncer de mama, cólon, pele, próstata e ovários em até 50%.

Entretanto, a deficiência de vitamina D pode ser responsável por milhares de mortes prematuras todos os anos. O aumento necessário de proteção solar, somado à diminuição do tempo passado ao ar livre, faz com que muitas crianças e adultos apresentem deficiência de vitamina D. Felizmente, a cura é fácil: apenas 20 minutos diários de sol já resolvem. Embora haja quantidade suficiente de vitamina D nas dietas balanceadas, a suplementação ajuda a remediar essa crise de saúde silenciosa.

Há diversos tratamentos para fortalecer a imunidade. Uma opção é utilizar produtos naturais, com probióticos (iogurte), vitamina A, vitamina C, selênio, própolis, zinco, arginina, N-acetil cisteína (NAC), equinácea e alcaçuz.

A Dieta do Arco-íris combate as inflamações

Uma dieta rica em vitaminas e alimentos com baixo teor de gordura, somada a grãos integrais, é excelente para combater doenças inflamatórias e deficiências imunológicas. A Dieta do Arco-íris é abundante em alimentos com alto índice glicêmico, que colaboram para a redução das inflamações e evitam que o sistema imunológico se esgote nas respostas inflamatórias.

A fibra, outro sustentáculo da Dieta do Arco-íris, é um poderoso desacelerador de idade, que exerce influência no combate de males que vão do câncer de cólon às inflamações. Além de uma dieta rica em fibras, as melhores defesas contra inflamações são óleo de peixe, vitamina C, ácido lipóico e chá verde.

Fator antiinflamatório (IF) de alimentos

Para combater inflamações e fortalecer seu sistema imunológico, prefira alimentos que possuem um nível alto de IF.

Alimento	**IF**
Salmão, 90 g	+ 500
Gengibre, ½ colher de chá	+ 250
Alho, 1 dente	+ 100
Brócolis, 1 xícara	+ 80
Azeite de oliva extravirgem, 1 colher de chá	+ 60
Amêndoas, 30 g	+ 50
Cereal matinal de trigo integral, 1/3 de xícara	+ 40
Hambúrguer vegetal, 1 unidade	+ 40
Filé bovino, 90 g	+ 30
Morango, 10 unidades	+ 20

Adaptado de The Sinatra Report.

Experimente as seguintes sugestões de cardápios para fortalecer o sistema imunológico:

Opções para o café-da-manhã

- Omelete com dois ovos, brócolis, pimentão e queijo *cheddar light*

- 1 xícara de queijo *cottage* com baixo teor de gordura, germe de trigo e cubos de melão
- Meio *grapefruit* com uma torrada integral
- 60 g de salmão defumado fatiado e 2 torradas de centeio

Opções para o almoço

- 1 xícara de purê de batata-doce com geléia de damasco
- 120 g de badejo assado ou grelhado com couve *sautée* e ¼ de xícara de castanhas ou nozes
- 120 g de filé de peito de frango grelhado com ½ xícara de arroz integral e 1 xícara de uvas
- Salada de espinafre com cenoura, batata e grão-de-bico

Opções para o jantar

- 120 g de frango com ½ xícara de molho de damasco e manga
- 120 g de linguado *sautée* com espinafre e tomates ao vapor
- 120 g de filé magro grelhado ou *sautée* com ½ xícara de vinagrete de repolho

Opções para o lanche ou a sobremesa

- 1 xícara de salada de frutas
- ¼ de xícara de nozes ou castanhas variadas e uvas-passas
- ¼ de xícara de mamão e damascos secos
- Salada de cenoura e brócolis crus com molho de salada *light*

E não se esqueça destas ervas, sementes e temperos que combatem o câncer: manjericão, pimenta *chilli,* linhaça, gengibre, alho, pimenta, cebola, alecrim, tomilho e açafrão.

11

Menopausa e andropausa: as pausas da sexualidade

Os hormônios associados às funções sexual e reprodutiva — estrogênio, progesterona e testosterona — são pilares fundamentais da saúde geral. À medida que envelhecemos, a produção de hormônios sexuais cai e depois simplesmente pára. A redução da quantidade desses hormônios afeta o restante do corpo. A boa notícia é que esse declínio é completamente reversível.

Os homens em geral não notam as mudanças no corpo com a idade, a não ser no quesito sexual. A andropausa, o equivalente à menopausa das mulheres, afeta o humor, a memória, a cognição e a saúde. Ela se inicia tipicamente por volta dos 40 anos, quando ocorre uma redução na produção de testosterona. A andropausa difere da menopausa no sentido de que é cíclica - seus sintomas vêm e vão, em geral desencadeados em situações de estresse, depressão, atividade física exagerada ou abuso de drogas.

Sexo: está tudo na cabeça

Tanto nos homens quanto nas mulheres, a produção de hormônios sexuais é comandada pelo cérebro. Ou seja, ele controla não apenas a idade em que ocorre a pausa como também a sexualidade inata da pessoa. As quatro fases do sexo podem ser diretamente relacionadas ao funcionamento dos quatro bioquímicos principais:

- O desejo é criado no cérebro pela dopamina. Quando os níveis de dopamina caem, a energia sexual e o interesse pelo sexo se vão, assim como a performance na cama.
- A excitação é desencadeada pela acetilcolina. Se o funcionamento cognitivo e a hidratação interna ficam deficientes e o nível de acetilcolina despenca, a pessoa não consegue se concentrar no sexo, muito menos manter a atenção e o estímulo. No caso das mulheres, ocorre secura vaginal.
- O orgasmo é controlado pelos níveis de GABA. Em caso de deficiência de GABA, o indivíduo não consegue relaxar e se soltar, e portanto tem dificuldade de ter orgasmo.
- A determinação está relacionada à serotonina. Se tem deficiência de serotonina, a pessoa perde o *timing*: ou chega muito antes à festa, ou muito depois.

Precisamos fazer sexo para derrotar as pausas

Algumas pessoas não gostam da idéia de confundir comida com sexo, mas os dois estão mais intimamente ligados do que se imagina. O colesterol é um precursor de todos os hormônios sexuais. O estrogênio, a progesterona, a testosterona, a pregnolona, a androstenediona e o DHEA são derivados do colesterol. Assim, quando envelhecemos e nosso nível de colesterol sobe, os ovários e as adrenais não precisam produzir tanto hormônio, e por isso a produção de estrogênio, progesterona e testosterona, nas mulheres, cai. Quando o corpo produz menos hormônios sexuais, sentimo-nos menos sedutores e menos motivados sexualmente.

O objetivo de ser mais jovem é manter os melhores níveis de hormônios sexuais. Por que não começar apimentando sua vida sexual? Não há nada melhor para se sentir 15 anos mais jovem do que fazer sexo regularmente.

Sexo mais jovem é sexo freqüente

A maioria dos divórcios está de alguma maneira ligada à incompatibilidade sexual. Sexualmente falando, em geral os homens são mais "jovens" do que as mulheres e querem contato físico com mais freqüência. Não precisa ser exatamente como quando você tinha 20 anos, mas não deixe de fazer sexo pelo menos uma vez por semana. O efeito que o orgasmo tem sobre o cérebro é como o reiniciar de um computador. Há duas formas de reiniciar o cérebro — "ligando-o" (como fazemos ao nos exercitar ou fazer sexo) ou "desligando-o" (como ao relaxar). O sexo proporciona essas duas formas ao mesmo tempo.

Menopausa: só para mulheres

A menopausa não tem a ver com a idade; simplesmente marca o declínio da produção de progesterona e estrogênio. Muitas mulheres acham que a menopausa começa na meia-idade, por volta dos 50 anos. Mas a verdade é que, quando os sintomas se manifestam, elas já estão na metade do processo de menopausa, que em geral se inicia por volta dos 35 anos e leva de dez a quinze anos para terminar.

Alguns dos sintomas da menopausa são: déficit de atenção; fraqueza óssea, secura vaginal, ausência de ovulação, queda de cabelo, ondas de calor, perda de libido, oscilações de humor, ganho de peso na região do abdômen.

Menopausa: a solução é a progesterona

Quando a menopausa começa, as outras pausas avançam rapidamente, pois um desequilíbrio alimenta o outro. Portanto, a saúde decai como um todo. Se o cérebro não estiver em boa forma, a queda se tornará ainda mais intensa.

A progesterona é uma dádiva médica dos deuses. Trata-se de um equilibrador de humor, relaxante e calmante natural do cérebro, e promove a queda de colesterol no sangue. É diurética, antidepressora, antioxidante e precursora de cortisona. A ingestão desse hormônio já retardará as demais pausas.

Suplementação com testosterona

A maioria das terapias de reposição hormonal se concentra em repor estrogênio, mas a testosterona é importante também. A melhor forma de terapia é imitar os hormônios que os ovários produzem naturalmente.

É relativamente fácil romper o código da menopausa com uma abordagem multimodal, combinando medicamentos, hormônios, suplementos nutricionais e dieta específica. A menopausa é revertida principalmente com o uso de hormônios bioidênticos. Entretanto, existem nutrientes e medicamentos capazes de aliviar alguns sintomas. Quase todas as mulheres precisam ingerir três hormônios (estrogênio, testosterona e progesterona) para reverter o código de morte da menopausa.

Terapia de reposição hormonal

A maioria das mulheres apresenta um AgePrint de 100 aos 55 anos. Se você fizer terapia hormonal com estrogênio natural e outros suplementos bioidênticos, seu relógio biológico voltará à idade de 40 a 45. Ficar com ele estacionado nos 40 a 50 anos pelo resto da vida é o ideal. O segredo é enganar o cérebro, de forma que ele acredite que você tem 50 anos pelo resto da vida.

A única maneira de tratar com sucesso a menopausa é imitando os mecanismos naturais do corpo, o que significa repor os hormônios que ele perdeu naturalmente. Ao manter e elevar os níveis hormonais, a mulher pode restaurar sua saúde e até mesmo reverter os sintomas que a afligem. Os hormônios naturais conseguem fazer isso sem causar efeitos colaterais negativos.

Só prescrevo hormônios bioidênticos, ou naturais, que possuem a mesma estrutura molecular daqueles fabricados pelo corpo humano. Eles produzem as mesmas respostas fisiológicas dos hormônios naturais do corpo. São feitos à base de plantas, e não de plásticos, e estão disponíveis no mercado há mais de 20 anos. Têm tão poucos efeitos colaterais que muitas vezes são vendidos sem prescrição médica, como suplementos nutricionais (melatonina, pregnenolona, vitamina D3 e DHEA, para citar alguns).

Essas substâncias são tomadas em um único comprimido, à noite, e seu único efeito colateral é o sono. Também há inúmeros benefícios em outras áreas — melhor concentração, espessamento dos cabelos, pele mais macia e mais firme, redução de inflamações, aumento da resistência à insulina e amadurecimento da vida sexual. Até conseguirmos modificar os genes, os hormônios serão a única terapia capaz de voltar 15 anos no relógio biológico em quadros de menopausa, o que é suficiente para controlar todas as outras pausas.

Mas, cuidado: se você tomar testosterona demais, ferirá o sistema imunológico. Quando os homens abusam da testosterona, desenvolvem câncer da próstata; se as mulheres tomam testosterona demais, tornam-se obesas e desenvolvem ovários policísticos. Se elas usam os tipos errados de estrogênio ou tomam testosterona demais, desenvolvem pelificação facial. Siga as recomendações de doses indicadas pelo seu médico para rejuvenescer com segurança. A terapia hormonal pode ser feita com os seguintes hormônios: progesterona, testosterona, estradiol (E2), estriol (E3), DHEA, pregnenolona.

Dieta do Arco-íris para a menopausa

O ganho de peso é, infelizmente, um efeito colateral comum da menopausa. A Dieta do Arco-íris permite que você interrompa a cadeia de doenças associadas à obesidade, pois será capaz de controlar seu peso.

Aumente o consumo de peixe e de soja. Os produtos à base de soja (leite, *tempeh*, tofu, queijos de soja, biscoitos, pães enriquecidos, hambúrgueres vegetais e outros) são uma alternativa saudável aos laticínios e podem ser encontrados em muitos supermercados. Algumas sugestões de cardápios:

Opções para o café-da-manhã

- 1 fatia de pão de milho com linhaça
- 1/3 de xícara de cereal de soja com ½ xícara de leite de soja

- Sardinhas e torrada integral
- 300 ml de vitamina de leite de soja com banana e morango

Opções para o almoço

- Fritada de tofu com ervilha-torta e brócolis
- 1 xícara de salada de atum com maionese *light* e torrada de multicereais
- Hambúrguer vegetal e uma saladinha temperada
- Patê de truta defumada com pão integral

Opções para o jantar

- Omelete feita com 2 ovos e 1 batata-doce
- 120 g de salmão grelhado e ½ xícara de arroz integral
- 120 g de cavala grelhada e salada verde
- Vegetais variados grelhados sobre panquecas de batata-doce

12

Andropausa: só para homens

Como você já viu, muitas vezes é possível reverter uma pausa aumentando os níveis de hormônios sexuais. Por exemplo, com a suplementação de testosterona e hormônios da paratireóide em homens com osteoporose, o efeito dos dois hormônios se amplia. Quando revertemos as pausas sexuais, acabamos melhorando a densidade óssea, as duas são sinérgicas.

Toda ereção tem ressurreição

Os medicamentos conhecidos para impotência restauram e melhoram a função erétil ao aumentar o fluxo de sangue para o pênis. Os resultados são idênticos aos alardeados. Entretanto, há diversos efeitos colaterais graves que precisam ser considerados, entre eles enjôo, dor de cabeça e perda de visão. Mais: ao longo dos anos, descobri que a diminuição do fluxo de sangue para o pênis raramente é a causa da disfunção erétil. Então, antes de lançar mão dessas substâncias, procure um médico: o problema pode estar em outro lugar.

Aumentar os níveis de neurotransmissores no cérebro é fundamental para tratar a andropausa. A dopamina aumenta a libido, a acetilcolina melhora a hidratação, o GABA ajuda a relaxar e a serotonina fará a coisa toda divertida. Quando o cérebro está em equilíbrio e ainda assim você tem dificuldades com a performance sexual, o problema pode estar no sistema vascular. Nesse caso, os famosos medicamentos para disfunção erétil podem ajudar, mas devem ser usados apenas em último caso. Se quiser algo natural, tome arginina: ela é ótima para melhorar a função sexual. Converse com seu médico.

A andropausa e o sexo

Os homens precisam de testosterona. A reação biológica em cadeia decorrente do declínio natural da produção de testosterona com a idade pode provocar diversos sintomas, além dos sexuais, que influem diretamente nas outras fases. O declínio de testosterona pode levar a:

- aumento de fadiga, ganho de peso, perda de desejo sexual, déficit de atenção e lapsos de memória, além de pouca lubrificação, diminuição da quantidade de sêmen e encolhimento dos órgãos sexuais, o que leva à eletropausa;
- perda de altura e de força muscular, que conduz à osteopausa;
- síndrome metabólica, que induz o diabetes, condição precursora das doenças cadiovasculares, o que provoca a cardiopausa;
- declínio cognitivo e aumento da insatisfação sexual e da infelicidade.

Tome uma atitude para se tornar mais jovem

Uma abordagem multimodal que inclua medicamentos, hormônios, suplementos e ajustes na dieta ajuda a romper o código de morte da andropausa. A escolha deve ser guiada por sua deficiência. Se você não apresenta sintomas e seu AgePrint para andropausa é de 20 anos ou mais acima da idade cronológica, mude a dieta e o estilo de vida. Se sua pontuação está entre 40 e 60 anos acima de sua idade cronológica, é preciso lançar mão de hormônios. Em casos acima de 60 anos mais que a idade biológica, são necessários medicamentos para reverter o quadro. Há exames de sangue que detectam se você está ou não na andropausa; converse com seu médico.

Use hormônios masculinos bioidênticos

A metiltesterona sintética é hoje um medicamento de tarja preta, pois pode causar câncer de fígado. Felizmente, esse não é o caso de testosteronas naturais e micronizadas, que, além de tudo, tratam do hipogonadismo. Converse com seu médico sobre o suplemento mais adequado para você.

Prescrevo testosterona e HGH para meus pacientes há mais de dez anos, o que lhes permitiu controlar a função cerebral, melhorar a memória e a concentração e manter o vigor físico e a libido.

A Dieta do Arco-íris: perca peso comendo bem

As sugestões alimentares para os homens são bem diferentes daquelas indicadas para as mulheres. Para reverter a andropausa, é preciso comer carne. Siga as recomendações nutricionais para aumentar a produção de dopamina, apresentadas no Capítulo 3, e inclua, além disso, muita carne e frango.

A seguir, algumas dicas para otimizar esse regime alimentar.

- Prefira alimentos ricos em cobre e zinco para auxiliar o crescimento capilar. Algumas fontes: cevada, beterraba, alho, nozes e castanhas, soja, rabanete, passas e frutos do mar.
- Os peixes fornecem ácidos graxos essenciais que mantêm a saúde dos cabelos.
- Para melhorar o vigor e a circulação, coma alimentos ricos em vitamina C, como brotos, acerola, manga, pimentão verde e abacaxi.

Experimente também as seguintes sugestões de cardápios:

Opções para o café-da-manhã

- Omelete feita com 2 ovos, queijo *cheddar light* e pimentão verde
- 300 ml de vitamina de leite de soja, iogurte e linhaça moída

- 1 porção de abacaxi com 1 xícara de queijo *cottage*
- 90 g de bacon magro com 2 ovos mexidos

Opções para o almoço

- 120 g de bolo de carne feito com pão integral
- 1 batata-doce assada com um prato de sopa de carne
- 1 xícara de *chili* feito com carne e feijão-de-soja
- Sanduíche quente de queijo no pão de cereais

Opções para o jantar

- *Paella* de frutos do mar com ½ xícara de arroz branco
- Coxas grelhadas de peru e couve-de-bruxelas *sautée*
- 500 g de lagosta ao vapor com macarrão integral e brócolis
- 120 g de carne de porco magra com maçã grelhada e quinoa

13

Osteopausa e paratireopausa: rejuvenescendo a estrutura esquelética

À medida que envelhecemos, nosso corpo seca e começamos a sentir dores. A secura interna afeta os ossos e os músculos, que requerem muita umidade para permanecer flexíveis. Sem isso, os ossos se fragilizam e os músculos se tornam doloridos e tensos.

Esse quadro não começa da noite para o dia. Os ossos começam a envelhecer após os 30 anos de idade, principalmente no caso das mulheres. Isso desencadeia uma série de sintomas, como fraturas, diminuição da altura e dores nas articulações. Ao fim, o esqueleto fragilizado já não será capaz de suportar o corpo, o que leva a uma doença dolorosa e debilitante chamada osteoporose.

Oitenta por cento dos pacientes com osteoporose são mulheres, mas um terço dos homens em geral exibirá seus sintomas por volta dos 75 anos. É uma doença dolorosa que progride lentamente, até que os ossos já não sejam mais capazes de fazer seu trabalho: mantê-lo ereto. As menores tarefas do dia-a-dia ficam difíceis.

Calcule a idade real de seus ossos

Sua idade óssea pode ser determinada pelo AgePrint ou por exames de densitometria. O osso é um tecido vivo composto de um centro macio e poroso e um revestimento duro externo. A osteoporose se dá quando a densidade do centro poroso é muito menor que a do revestimento externo, ou seja, o osso literalmente começa a desabar.

Isso nos faz perder estatura, com a idade. As vértebras, compostas quase que inteiramente do osso mais poroso e macio, se compactam à medida que perdem densidade e encolhem.

Artrite, a prima da osteoporose

A artrite é uma doença causada pela deficiência de acetilcolina, que ocorre quando nos desidratamos internamente. Ela afeta a cartilagem que protege as extremidades dos ossos, separando-os uns dos outros. Sem essa cartilagem, os ossos começarão a se friccionar um contra o outro, causando dor e enrijecimento.

A artrite é a principal causa da limitação de mobilidade entre os idosos e uma das principais da deficiência física. Quase todo o mundo aos 50 anos exibe mais ou menos artrite, a menos que tenha cuidado dos ossos desde cedo.

Mas existem suplementos que promovem alívio duradouro, como a glucosamina, os óleos de peixe e outros alimentos naturalmente antiinflamatórios ricos em vitamina D.

Dieta do Arco-íris para a saúde de ossos e músculos

Você precisa comer muitos alimentos ricos em cálcio para manter os ossos fortes. Mas alguns alimentos são prejudiciais para esse fim. Não se trata de carboidratos e *junk food*, e sim de proteínas. Uma dieta rica em proteínas animais varre o cálcio da corrente sangüínea, portanto os ossos não conseguem absorver esse nutriente importante. Entretanto, uma dieta puramente vegetariana e rica em fibras não é a solução. Muita fibra e pouca proteína não provê nutrientes essenciais, que são excretados antes de terem a chance de serem absorvidos.

Os alimentos da Dieta do Arco-íris têm um alto teor de proteínas antiinflamatórias chamadas flavoproteínas. Essa dieta é rica em cálcio, potássio e vitamina D, encontrada nestes alimentos: atum, cavala, cereais matinais, fígado de boi, gema de ovo, leite, melancia, óleo de fígado de bacalhau, salmão, sardinha.

14

Somatopausa: o envelhecimento dos músculos e a perda de massa muscular

A somatopausa significa o declínio dos níveis de hormônio do crescimento, que afetam o crescimento muscular. Entre as idades de 20 e 90 anos, 20% a 40% da massa muscular será perdida, principalmente se o indivíduo não se exercitar.

Sinais de advertência de somatopausa

- Câimbras noturnas
- Diminuição da sensação de bem-estar
- Depressão
- Aumento da ansiedade
- Redução do tempo de sono
- Aumento do nível de gordura corporal, principalmente na região do abdômen
- Pele fina e aumento de rugas
- Diminuição do ritmo de crescimento de cabelos e unhas
- Mãos e pés frios
- Redução da densidade óssea
- Redução da sudorese
- Aumento do tempo de cicatrização de feridas

A chave para aumentar o ganho muscular

O hormônio do crescimento liga a medula nervosa e o esqueleto à atividade cerebral. Ele também controla os receptores encontrados no cérebro e afeta a memória, o sono e o bem-estar emocional. Portanto, não são apenas os seus ossos que se beneficiam desse hormônio, e sim todo o corpo, cérebro e mente. Níveis de hormônio do crescimento elevados ajudam a reverter todas as demais pausas.

O corpo inteiro precisa do HGH para se manter jovem

Os exercícios são a melhor forma de prevenir a perda de massa muscular. A suplementação com HGH (hormônio do crescimento humano) e outros aminoácidos vitais também é benéfica. A terapia com HGH não apenas ajuda a aumentar a massa muscular como exerce um efeito positivo sobre a estrutura óssea da face, podendo ajudar a preservar a estrutura facial.

Caí e não consigo me levantar

Uma pesquisa realizada com pacientes acima dos 60 anos de idade que haviam sofrido fratura do quadril confirmou que a terapia com HGH e o aumento de massa muscular foram fundamentais para que esses pacientes retomassem sua mobilidade pré-fratura.

Refeições para aumentar a massa muscular

Opções para o café-da-manhã

- ½ xícara de iogurte orgânico com granola e morangos, ou uma mistura de nozes e sementes
- 300 ml de vitamina de morango, manga, goiaba, germe de trigo, suco de laranja e leite de soja
- Uma fatia de pão de centeio tostada com uma fatia de queijo *cheddar light*
- 1/3 de melão cantalupo coberto com iogurte de morango desnatado

Opções para o almoço

- Salada de alface com tomate, rabanete e pimentão verde, temperada com lâminas de amêndoas e molho à base de azeite de oliva, vinagre balsâmico e ervas
- Salada de espinafre com cubos de tofu e um mix de nozes e castanhas sem sal com vinagrete de morango
- Sopa de legumes servida com uma fatia de pão integral e 120 g de queijo duro
- Sanduíche quente de atum com maionese *light* e queijo suíço *light* feito com duas fatias de pão integral

Opções para o jantar

- 120 g de fígado de boi com cebolas e pimentões, servido com vagens e semente de gergelim torrada
- Salada de espinafre com um ovo cozido, queijo ralado *light*, grão-de-bico e atum
- 120 g de sardinhas grelhadas servidas com espinafre e tomate
- 120 g de salmão grelhado com ervas e brócolis

Opções para o lanche e a sobremesa

- 1 xícara de salada de frutas de morango, banana, manga e melão cantalupo
- 60 g de seu queijo preferido com bolachas de trigo integral
- ¼ de xícara de amêndoas
- 300 ml de vitamina de goiaba ou manga com iogurte desnatado

15

Dermatopausa: restaurando a pele envelhecida

A beleza e a juventude não são intercambiáveis. Na realidade, o velho ditado é legítimo: a verdadeira beleza é interior. A juventude, no entanto, está no âmago dela. A pele interage de forma dinâmica com a saúde do resto do corpo. Pele saudável e radiante é resultado de uma saúde interna melhor.

Este livro trata da reversão do envelhecimento interno, da cirurgia plástica interna para reparação do corpo, ou seja, do embelezamento do corpo de dentro para fora. Não há nada errado em querer parecer mais jovem por fora. Infelizmente, vivemos em um mundo que julga as pessoas pela aparência.

Para realmente parecer e se sentir mais jovem, é preciso começar por dentro e, o que é mais importante, pelo cérebro. O equilíbrio das substâncias químicas do cérebro e a restauração dos níveis naturais de hormônios emitem sinais para que o corpo se sinta bem, os órgãos funcionem adequadamente e a pele enrijeça. Assim é possível reverter o envelhecimento da pele e realmente parecer de dez a 15 anos mais jovem.

A pele jovem pode durar a vida inteira

A pele jovem é cheia de colágeno, a gordura que preenche o rosto e as mãos. Sem ele, a pele perde a elasticidade e começa a ficar flácida. Chamo essa alteração de dermatopausa.

A pele começa essa transição a partir dos 30 anos de idade, por causa da perda de hormônio do crescimento. Muitas vezes ajudamos o processo com o nosso estilo de vida, talvez desfrutando do comportamento comum aos jovens de fumar, beber e não dormir. Alguns anos mais tarde, a depressão e a ansiedade causam rugas na testa. Pés-de-galinha, sardas, verrugas e mãos envelhecidas já aparecem aos 20 anos por causa da exposição ao sol.

Seu cérebro, sua pele

Além de serem reguladas pela genética, a idade e a aparência da pele também são afetadas pelo nível geral de hidratação, ou seja, do conteúdo de água. À medida que envelhecemos, tudo resseca, desde o cérebro até todo o resto do corpo. Portanto, quanto mais jovem o cérebro, maior seu conteúdo de água. No final das contas, é a hidratação que faz a pele parecer mais jovem.

Inflamação, desidratação, danos estruturais e oxidação são os quatro códigos do cérebro que causam o envelhecimento da pele. Quando o cérebro possui pouca dopamina, a pele fica queimada, causando inflamação, placas vermelhas e manchas, ou fica áspera e cheia de calombos. Quando nos desidratamos devido à perda de acetilcolina, desenvolvemos rugas. A acetilcolina fornece umidade para o corpo, portanto, em sua ausência, desidratamos de dentro para fora.

Sem serotonina não conseguimos dormir, e sem dormir o rosto incha. Uma noite maldormida fica estampada no rosto da manhã seguinte pelos olhos inchados, pela expressão abatida e por olheiras. É possível colocar rodelas de pepino nos olhos para eliminar o inchaço, mas seria melhor comê-las e dormir um pouco mais cedo.

Não idolatre o sol, idolatre a longevidade

Se quiser estar por aqui a longo prazo e ter uma pele linda, comece já a limitar sua exposição ao sol. Além do risco de câncer de pele, banhos de sol são garantia de rugas. São necessários cerca de 20 minutos de sol por dia para obtermos a quantidade necessária de vitamina D.

Câncer de pele

Quase dez mil pessoas morrem a cada ano de melanoma, a forma mais grave de câncer de pele, e 48 mil são diagnosticadas com a doença. Se não for descoberto em seus estágios iniciais, o melanoma é quase sempre fatal, espalhando-se rapidamente e muitas vezes afetando os nódulos linfáticos, os pulmões, o fígado, o cérebro ou os ossos. Um exame da pele dos pés à cabeça deve se tornar parte do seu *check-up* a partir dos 20 anos de idade.

Cuide da saúde e suas unhas agradecerão

Um sinal detestado da dermatopausa é o efeito colateral comum de doença vascular periférica: unhas feias e amareladas, especialmente nos pés. Será necessário muito mais do que uma pedicure para resolver esse problema fúngico. Entre os tratamentos naturais que restauram a boa circulação sanguínea para a raiz das unhas estão o uso de zinco, boro, vitamina A, cálcio e até colágeno hidrolisado, já disponível em pó.

Preserve sua pele para ficar mais jovem

Você mais jovem começa com o conhecimento do que está acontecendo dentro do seu corpo. Muitos tipos de exames de sangue, exames físicos e tratamentos para controlar problemas ambientais podem mostrar com precisão o que está afetando sua pele.

Metais tóxicos, por exemplo, ainda são um problema sério na nossa sociedade, especialmente em áreas urbanas. Metais pesados, como chumbo e cádmio, são tóxicos para o cérebro e para o corpo, especialmente para a pele.

Os hormônios quebram o código de envelhecimento da pele

Os hormônios naturais revertem muitas das pausas, inclusive a dermatopausa. Para as mulheres, um dos suspeitos mais prováveis para os danos de pele é a menopausa. O estrogênio bioidêntico é capaz de retardar o processo de envelhecimento dermatológico, pois estanca a perda de colágeno e melhora a capacidade da pele de reter umidade.

Melhore sua pele com nutrientes

A suplementação da dieta com vitaminas é uma excelente forma de melhorar a pele. Aqui estão alguns dos tratamentos mais eficazes e sua explicação científica:

- **Vitamina C, estradiol e L-lisina:** impedem o avanço do câncer de pele ao inibir as enzimas produzidas pelas células cancerosas usadas para atacar o colágeno. Eles também são essenciais para a reposição de colágeno, cuja produção diminui com a idade.
- **Vitamina D:** também previne e reverte os danos à pele. À medida que ela envelhece, sua capacidade de sintetizar vitamina D com o sol diminui. Se você notar que sua pele não está cicatrizando como antes, a vitamina D pode ser a chave para solucionar o problema.
- **Zinco:** promove a cicatrização de feridas e é benéfico para a saúde do cabelo e da pele, particularmente no caso de indivíduos que sofrem com dermatite e caspa.

A flacidez está começando?

Apesar de os hormônios naturais serem mais eficazes para recuperar a elasticidade da pele, os nutrientes podem causar um pequeno efeito benéfico. Alguns deles: vitamina C, vitamina E, ômega-3, ômega-6, ácido alfalipólico, betacaroteno e zinco.

Ervas e condimentos que ajudam a pele

As ervas e os condimentos são suplementos importantes para uma dieta saudável, e podem exercer impacto significativo sobre a integridade da sua pele. Os hormônios bioidênticos terão maior impacto, mas acrescente estes itens à sua dieta: açafrão, alecrim, camomila, louro, manjericão, tomilho.

As seguintes ervas e óleos podem ser usados para limpar a pele: babosa, chá verde, jojoba, óleo de melaleuca, óleo de prímula.

Algumas opções de refeições para ajudar a ter uma pele bela e jovem:

Opções para o café-da-manhã

- 1 xícara de salada de frutas com iogurte (use frutas muito coloridas)
- 1 xícara de aveia com morangos frescos e canela
- 1 xícara de cereal integral com morangos fatiados e leite desnatado
- 2 ovos cozidos e 50 g de salmão defumado

Opções para o almoço

- Vegetais grelhados com gengibre e vinagre balsâmico
- Sanduíche de pão de 7 grãos com brotos de alfafa, abacate, tomate e cenoura
- Salada de espinafre com 100 g de salmão grelhado
- Hambúrger vegetal com pão integral

Opções para o jantar

- 100 g de refogado de frango com manjericão e curry, amêndoas tostadas e ½ xícara de arroz integral
- 100 g de filé de atum grelhado servido com ½ xícara de purê de batata-doce com gengibre
- 100 g de filé de carne com abóbora e fatias de amêndoa

Opções para a sobremesa ou lanche

- ½ xícara de granola orgânica com frutas silvestres e iogurte
- ½ xícara de guacamole e molho de tomate com biscoitos de pão sírio integral
- ½ xícara de morangos
- Vitamina com 200 g de frutas vermelhas

A importância da cor na sua dieta

As pessoas que comem muito tomate têm maior proteção contra os raios UV do sol. Os tomates contêm carotenóides, uma poderosa enzima encontrada em frutas e verduras de coloração avermelhada ou alaranjada, como a cenoura. Coma alimentos ricos nesse nutriente se precisar se expor ao sol com freqüência e não se esqueça do filtro solar e dos óculos escuros. Uma dieta rica em carotenóides também pode prevenir alguns tipos de câncer. O alfacaroteno é encontrado na cenoura e na abóbora; o licopeno é encontrado em frutas vermelhas, como melancia, *grapefruit* e tomate; a criptoxantina é encontrada no pêssego, na manga e na laranja; o betacaroteno é encontrado em todos esse alimentos e também no melão e na batata-doce; a luteína e a zeaxantina são encontradas em abundância em pimentões vermelhos, abóboras e vegetais verde-escuros (os pigmentos amarelos ou laranja são mascarados pela clorofila).

Um plano para toda a vida

A cada ano, novas descobertas da medicina antienvelhecimento permitem que prolonguemos nossa vida. Este livro expôs as mais recentes, que incorporei em minha prática médica e são a marca do programa Você Mais Jovem.

O questionário do AgePrint é o pilar do programa. Você já o utilizou para identificar suas partes mais fracas e abordar esses problemas. Leve essas informações ao seu médico, para que juntos vocês decidam o que é possível fazer para reverter seu quadro. Talvez seja necessária terapia hormonal; em caso positivo, insista em usar hormônios bioidênticos. Talvez sejam necessários medicamentos; se for o caso, certifique-se de que sejam compatíveis com outras medicações que porventura venha utilizando. Se seu AgePrint mostrar apenas uma pequena discrepância entre sua idade real e sua idade de pausa, primeiro veja se consegue solucionar o caso sozinho com suplementos e dietas, antes que essa discrepância aumente mais.

A cada dia, o campo da medicina se altera. Converse com seu médico sobre as pesquisas mais recentes e peça-lhe para ajudar a cumprir seu objetivo: ser e parecer 15 anos mais jovem.

Você Mais Jovem foi impresso em São Paulo/SP, pela Aquarius,
para a Larousse do Brasil em janeiro de 2008.